明公啟示錄

解密禪宗心法
《六祖壇經》般若品之一

范明公——著

開卷語

一、此套心法，已於文字之中灌頂巨大加持之力量。

二、只須堅信不疑，恭敬讀誦即可獲無上力量之加持。

三、讀誦之時，身心有不同程度的感應實屬正常，乃感應
交道之現象。

四、信奉受持此書文字，即可獲得強大息災、轉運、祛病、
富貴、滿願之增上緣。

五、信奉受持此書，於現實中必有諸多神蹟示現。

第一章

總淨心念摩訶般若

波羅蜜多

第一節

清淨心念梵文大智慧
廣大無垠摩訶出世間

　　現在開始解讀《六祖壇經》的第二品，即【般若品第二】。首先，我們要知道般若的意思。般若即是智慧，因此《六祖壇經》第二品主要講的是佛法中的心和本體到底是什麼。

　　【次日，韋吏君請益。】韋刺史又請六祖惠能給大家講法。於是，惠能升座向大眾說，【師升座，告大眾曰：「總淨心念摩訶般若波羅蜜多。」】「總」指的是大家、全部。「淨心」在解讀第一品時已經多次講解過，淨即不生一念，淨心即是不於境上生心，不於念上生念，菩提自性本來清淨，要保持這顆清淨的心。此處「念」是指什麼，是心在念，而並不是讓大家一起念一句話、念出聲。「總淨心念」的意思是用心念，讓大家都靜下來，用心念「摩訶般若波羅蜜多」。

　　何為用心來念？用心念，即不是口念。此處用的是念字，為什麼不用讀而是念？讀是用語言。「讀」字左邊是言字旁，右邊是買賣的賣字，所以「讀」即是用語言賣出

去，把我的思想、想法、心裏活動，用語言表述出來，叫做讀。而「念」字，上邊是今，下邊是心，即是當下的心。要清楚，念可不是指用語言讀出來，用嘴說出來。讀和念是兩個意思，是完全不同的兩個概念。念是在心裏生成這句話、這個想法、這個念頭，而不是用語言表達出來，也就不是讀。

為什麼要念「摩訶般若波羅蜜多」？「摩訶般若波羅蜜多」指的是什麼？這並不是中國的語言，而是梵文，即古印度的一種語言。以前幾乎所有的佛法經典都是在古印度，用梵文寫出來的。很多咒語都是梵文密語，咒語不可以翻譯，都是用古梵文，正如「摩訶般若波羅蜜多」本身也是梵文。但是如果想學佛經，就必須要解經義，完全不翻譯就不知其意義，因此佛經必須翻譯，一些大德就會把佛經翻譯成中土的文字。

以前很多的高僧大德，為了把古印度佛法的智慧帶到中土，親自到古印度去學梵文，精通梵文以後，再把經典按照梵文的原意直譯成我們的文字，其中最著名的就是唐玄奘。唐朝初期，唐玄奘歷經十七年到了西域，即古印度，學會了當地所有的語言，其中就包括梵文。精通梵文之後，唐玄奘把古印度佛經、佛法的精髓都帶回長安白馬寺，然

後把帶回的六百卷佛經翻譯成到現在都能看懂的、中土的文字。因此，我們現在才能真正知道、瞭解、掌握佛法的智慧，這都是歷史上這些高僧大德的大功德。但是《六祖壇經》是六祖惠能一個中國人所作，為什麼還使用梵文呢？為什麼仍然用「摩訶般若波羅蜜多」這句梵文，而不是用翻譯過來的語言呢？其實這樣是有用意的。

摩訶是大，那通常的想法，既然摩訶的意思是「大」，就直接說「大」就行了，其實並不一樣。再往後，般若也是梵文，意思是智慧，波羅蜜多在梵文中意為到達彼岸。那就直接說「大智慧到彼岸」就行了。其實不然！為什麼不可以？因為「摩訶」翻譯成「大」，感覺相似，但含義是不一樣的。漢語中的「大」字，甚至用「廣大」，和梵文裏的「摩訶」要表達的意思，也是有出入的。漢語中「大」或者「廣大」，指的是世間的大。世間的大就是現實世界、物質世界當中所謂的大，這種世間的大是有邊界的，哪怕再廣大，多大也還是有邊界的。而梵文「摩訶」所指的大，是出世間的大。出世間的大和世間的大的區別在哪裏呢？出世間的大是指廣大無垠，即沒有邊界。所以，不能用簡單的一個「大」字來代替「摩訶」，也形容不了。

世間的大，一定是有一個物體，一定得有個有形的東

西，如果沒有就不能去說大或者小。而「摩訶」所表現出來的是，沒有實質性的物體，但又表現出了大，這就叫做出世間的大。比如「盡虛空遍法界」，即充滿了虛空和法界，那麼這種大就非常大，是最大；但是同時又不存在於任何空間，那麼這個「大」還有嗎？又不能說沒有，還是有；但既有，又看不見、摸不到。所以，這個大就叫做廣大無垠，亦即是盡虛空遍法界，已經不是物質世界的大，不是那個用來形容物質世界物體大小的大。因此，形容物體大小、物質世界的世間的大、廣大，與「摩訶」即是出世間的大，是有區別的。所以《六祖壇經》中不進行翻譯，直接用梵文。

第二節

智慧太極世間出世間
了了分明無漏般若智

般若，即是智慧。為什麼不直接翻譯使用智慧一詞呢？其實，智慧也有兩種，一種是世間的智慧，一種是出世間的智慧。而世間的智慧是有漏的智慧，某人擅長某一方面就會說他有智慧，但是那不是整體的、不是無漏的，而是有漏的智慧。那麼這句話中表現的是什麼智慧呢？這裏表現的智慧是出世間的智慧，即般若，和世間的智慧是有差別的。

出世間智慧的特性是什麼？和世間的智慧差別在哪呢？首先，出世間的智慧是斷煩惱，是圓滿的、無漏的、整體的智慧。世間的智慧是有漏的智慧，是有缺失的、碎片式的智慧，只是突出某一方面。比方說世間有大智慧的人，就像那些科學家、哲學家，如果我們說他有大智慧，則僅僅是說他有智慧，而不能說他有般若智慧。比如，弗洛伊德在心理學界、哲學界鼎鼎大名，而且做出了很多巨大的貢獻，那他是不是有智慧？很多人們都說他有大智慧，但是他的心理並不健康，是個偏執狂，也就是說他在某一

方面有所謂的智慧，但在另一方面又有漏，所以我們只能說他有世間的智慧，卻不可以說他具備般若智，因為他並沒有。

又比如史提夫·賈伯斯（Steve Jobs）很聰明，在世間我們也稱他為很智慧的人，但是他脾氣極其暴躁，與人相處時極不通人情，也就是所謂的有智商沒情商，所以這種智慧也是在某一方面很突出，但在另一方面的漏卻很大，有漏即不圓滿，所以這種智慧是不圓滿的。當然，我們也稱他很聰明、有智慧，但並不是我們佛法裏面講的真正的智慧。

佛法裏的智慧叫般若智，般若智是圓滿、整體、無漏，而不是碎片。具備般若智的人，對任何的人、事、物都能通達其本質；對整個宇宙的運行規律、發展趨勢都了然於心，了了分明；了了知、了了見、了了行，這種智才叫做佛的般若智，和世間的智慧是不同的。

佛的般若智具備四個特性：第一個是斷煩惱，第二個是度生死，第三個是得解脫，第四個是證菩提，這四個特性就是般若智慧的特性。也即是說，世間的智慧斷不了煩惱，僅僅有聰明，能想到別人想不到的，能做到別人做不到的，但是煩惱卻斷不了。就像著名的作家海明威，書寫

得非常好，但是他能斷煩惱嗎？後來還是自殺了。這樣的例子在現實中比比皆是，人很聰明、很有智慧，但是具有的是有漏的智慧，斷不了煩惱。

真正的大智慧，不是發明了多少技術產品，不是創造的比所有凡人更多，首先必是斷煩惱。不僅自心常生智慧，靈感不斷，對人類的進程、人類的發展，能做出有益的貢獻，比如愛因斯坦、賈伯斯、牛頓這些科學家就是自心常生智慧，但是只有靈感還不行，智慧生出來以後，還得斷煩惱，這才是圓滿的智慧。那麼，怎麼能夠斷煩惱？首先一定得通達煩惱、困惑或者痛苦的根源是什麼，知道這些都是如何而來的，知道這個真諦，才有可能實現「斷」。

而當我們繼續不斷學習佛法的時候，就知道一切的煩惱、一切的困惑、一切的痛苦都源自於無明，即所謂一念無明。何為無明？明是日月，日月即是陰陽，一陰一陽之謂道。佛法和儒學其實是可以完全對應的，因此儒學所講的一陰一陽之謂道，就是陰陽趨向於平衡。佛學所講一念無明，是所有煩惱、困惑、痛苦的根源。無明即沒有了「明」，沒有了陰陽的平衡。當陰陽不平衡，煩惱就來了，困惑就產生了，痛苦就來了。

怎麼會一念無明？陰陽又是怎麼不平衡的？是如何打

破了平衡呢？必然是由於分別。所以，一念無明即是指分別心一起，陰陽平衡就打破了。側重於陽，那就是陽盛陰衰；側重於陰，那就是陰盛陽衰。如此，明之日月，即陰陽就不平衡了，不平衡就產生了波動，波動越大煩惱就越深。而由於分別而分裂，一切的痛苦都源自於分裂，越分裂越痛苦。也可以這麼說，世上的人，沒有比較就沒有傷害，人們一切的痛苦、悲哀、困惑、煩惱全都來自於比較，都是因比較而來的，沒有比較就沒有痛苦。

這就是佛法所講，沒有無明之障就沒有煩惱，就不會煩惱。如果被無明障住，那麼由於不斷的分別、不斷的比較，就形成了執著和妄想。過去的事情忘不了，即執著於過去，就產生了抑鬱；未來的事情不斷的想，就產生了焦慮，即擔憂未來形成焦慮。焦慮和抑鬱是兩個極端，都影響我們的心情，影響我們的情緒，使我們形成煩惱、困惑，而煩惱和困惑進一步加深就是痛苦，這就是我們一切痛苦的根源。所以，真正的大智慧、佛法的智慧必是般若智，般若智是從根本上起修，斷除煩惱，同時自心常生智慧，現實中世間的智一點兒都不會少，甚至比世間所謂的聰明人、智慧者更加有智慧，而且這種智慧是斷除了煩惱的智慧。

有人提出疑問：「老師，發明一件東西跟斷除煩惱

又有什麼關係呢？」這就是整體性且圓滿的大智慧，與偏頗、偏執、碎片式的智慧的區別所在。現實中可能有大智慧，比如科學家發明了核彈，這個智慧就是有漏的智慧，因為只看到了核彈的威力，包括核彈能消滅敵人，能產生巨大的動能，可以在太空船上提供無限動力，還可以用來發電，但還是只看到了核裂變這一方面；其實同時還有另一方面，就是核彈能把整個人類瞬間毀滅。真正具備般若之智的人，不會去發明這種東西。這種發明就是碎片式的、有漏的智慧，是世間的智慧。比如愛因斯坦，就是典型的世間智慧。然而發現了核裂變，發明了核彈，又將如何呢？是很聰明，但是因為這個聰明、智慧，人類可能就此滅亡。所以，這種智慧就不是圓滿的智慧，而是有漏、有缺陷、偏執的智慧。

所以，我們中華真正具備佛法般若之智的祖先，不會發明諸如核彈這些東西，不會僅僅把重心放在現實中的物質、即「器」的上面，也就是所謂的技巧、技能、器件，重心不會放在這些之上。我們中華的祖先會把智慧，放在平衡現實世界的工具和我們的心理之上，也就是要將外在的器，與我們心裏的情和感受合在一起。中華祖先不會去發明空調，不是不能發明，而是不會走這條路，不會讓自己特別過分的舒服，為了自己舒服而給自然造成災害，這

樣做不是般若之智。但是，現在的科學家們在世間現實發明的所有，好像給人類帶來便利，製造各種諸如汽車、輪船、飛機、火箭，還有空調等好像給人的生活帶來了極大的舒適和便利，但是同時卻破壞了自然環境。無數的空調排放和汽車廢氣，已經把臭氧層都洞穿了，一旦大量的紫外線輻射進入大氣層，會讓人類全都消亡。這種西方科技的智慧，就不能稱為般若智。

斷煩惱是般若智最基本的特性。而我們的智慧到底應用在了哪些方面？真正的智慧究竟是在外界，從外部讓我們更舒服、更便利，還是兼顧內外？人的身心平衡是第一位的，到底是以物為本，還是以人為本；以人的物質享受與便利為本，還是以人的幸福、開心、快樂為本？這就是世間的智慧和出世間的般若，其最大的區別所在。我們中華的祖先，不是製作不出這些所謂現代科技的「器」，而是首先要平衡，讓我們內心感受開心、快樂、幸福，與大自然和諧相處；在不破壞大自然的情況下，開發所謂人類的科技，從而讓我們便利、更加舒服，但是絕不會因此而破壞大自然、犧牲大自然。這就是般若智和世間智的區別。

所以，以後就不要再提出這一類的質疑，說中華民族的文明那麼偉大，又從未斷絕，為什麼沒有發展出科學？

為什麼沒有發展出現代西方的船堅炮利、空調冰箱、飛機輪船、太空船、通訊技術等等呢？此類言語不要再說。現在其實就清楚了，不是中華不能，而是整體發展方向不同。中華祖先對智慧的理解和西方的理解不一樣，所以發展方向自然不同。我們中華不允許向現代西方科技的方向發展，堅決不允許，中華首先強調的是人和宇宙自然的和諧共生，不會因為人的享受而破壞大自然，這才是中華祖先的智慧。

因為現在的一時享受，把大自然破壞了，但人還要存活在自然之中，大自然一定會報復人類，最後人就滅亡了。現在，西方僅僅引領世界不到兩百年的時間，不是已經出現這種情況了嗎？地球已經不適合人類居住，甚至不適合人類生存了，動物植物大量滅絕。僅是為了讓人更舒服一點，是不是已經打破了人與自然的平衡？所以這種智慧，包括西方的科學家、哲學家、音樂家、作家、心理學家等的智慧，都是世間的智慧，不是般若智。這一點一定要清楚，認清世間和出世間智慧的區別。

第三節
太極般若智平衡人類自然
自在向圓滿解脫民族自卑

學佛之人、學《六祖壇經》的人，應該向哪種智慧的方向發展？如何發展？我們不要把重心一味的放在學習西方智慧、西方科技上。我們要知道西方的智慧、科技是有漏的、碎片式的，是有缺失的、有副作用的。其實，西方任何一種東西發明出來之後，對環境整體都有所破壞，都有副作用，而經過連續不斷的積累，就形成了地球千瘡百孔的現狀。而中華民族的大智慧，要呈現類似這些西方科技的發明，就是以解讀第一品時所講的都江堰為代表，既造福了人類又平衡了自然，在對自然沒有任何破壞的前提下，因勢利導、造福人類，才真正是般若智。不僅李冰建造都江堰，還有大禹治水，亦是在不破壞自然環境的情況下，以疏導的方式，引河流歸河道，而後流入大海；既造福了人類，滿足了灌溉，又制止了洪水的氾濫。而這些都是我們中華老祖宗對智慧的理解。

在大禹治水和李冰建都江堰的時候，中國尚無佛法，那時佛法還沒有傳入中土。因此可以看出，其實中華老祖

宗早已經在應用這種般若智慧、整體性的智慧，不僅早已開始在這麼做，而且一直都這麼做。不像西方治理洪水，用的方法是設壩攔截、堵住洪水，僅是使之為我所用、聽我的話，而不是用疏導的方法。這就是東西方智慧的不同。所謂設壩攔截，是將水硬性攔截，人想放多少就放多少，硬性的使之為我所用，因此建設一個大水泥塊——大壩。結果，是不是現在全世界的水利大壩都出現了問題？中國黃河上的三門峽大壩、長江上的三峽大壩，以後沒辦法都得炸掉。但即使炸掉以後，周圍的生態環境，也永遠不可能再恢復到原來的生態系統，已經有了嚴重的損害，方方面面都受到嚴重危害。但是中國的大禹治水，距今已超過五千年，甚至接近萬年，我們依然想著大禹治水時候的功德妙用；都江堰距今已經兩千多年，依然還在造福著四川人民。這就是東方智慧與西方智慧的不同。

所以我們不要再去貶低中華的古人，不要只是羨慕西方所謂現代科技的發展，一味的崇拜西方，卻看不到中華祖先的智慧。中華老祖宗的智慧是般若之智，是大智慧，是超越世間的出世間智慧。我們想學習就要學這種智慧，而不要去學西方短視的、有漏的、碎片式的、有副作用的智慧，不要再羨慕西方科技。

有人不禁發問：「老師，飛機就是快呀，兩個小時就能飛兩千公里。如果沒有這些工具的話，僅靠走得走到什麼時候啊？」

問題在於，當沒有飛機的時候，人為什麼要走那麼遠？到那麼遠的地方幹什麼去呢？沒有汽車的時候，在自己家附近能走多遠就走多遠，為什麼一定要到那麼遠的地方去呢？古人也就是騎馬而已，而騎馬是最綠色環保的，馬只需吃草，產生出的馬糞還能給大地施肥。而現在的汽車燃燒汽油，要把石油都挖掘出來，燃燒的時候又產生很多二氧化碳氣體，把大氣都污染了。為什麼要那麼快呢？有必要那麼快嗎？結果由於西方的汽車、輪船、飛機等等的出現，我們的地球變成了小小的地球村，每個人的節奏都在加快，工作壓力加大，每個人心理承受的壓力不斷加大，從而出現了各種怪病，各種不順。

然而在古代，沒有汽車、沒有飛機、沒有輪船的時候，人與人之間有這麼大的壓力嗎？又有現在這麼大的工作壓力嗎？現在西方所謂的科技、所謂的智慧、世間的智慧，不考慮人的終極感受，只是強調效率。現在有心理疾病的人太多了，僅中國抑鬱症的患者就已經超過一億人，那麼全世界呢？這難道和現在的科技發展，所謂生活和工作效

率大大提高，沒有直接關係嗎？所以，世間的智慧是不顧人的身心感受。真正出世間的智慧、般若之智，一定是以人為本，關注人的感受，人的開心、人的幸福是第一位的。所以真正的智慧是斷煩惱，斷不了煩惱、增加煩惱、增加痛苦的，也就僅可稱作所謂世間的智慧，而不是般若智。

在此，用很大的篇幅來講般若和智慧的區別，就是要清楚，雖然般若翻譯過來也叫做智慧，但這種智慧是出世間的智慧，和世間的智慧是有區別的。當我們通達其區別，就知道修行的方向了。學習一定要先明確方向，然後再向前走，這樣才不會走錯路。如果不通達東方智慧和西方智慧的區別，如果認為西方的智慧才是大智慧，就一定會向西方學，然後按照西方的路不斷往前走。因此，用這麼大的篇幅來講智慧，就是讓大家，尤其是中國人，放下對西方所謂科技的無限追求，讓我們的心反觀祖先真正的大智慧，學習祖先的大智慧。

有人擔心，「老師，西方的科技越來越發達，不就把我們東方滅了嗎？我們天天悠哉悠哉，只是為了心理感受，倒是幸福、開心了，但是科技豈不就不如人家西方啦！」

請放心，如果真正按照我們中華祖先的整套方法去修行，就一定會做到，而且是很多中國人都會做到：自心常

生智慧。這裏所說的智慧，可不僅僅是出世間的智慧，不僅僅是身心有幸福的感受，同時還會在世間靈感不斷，而且真正發揮出來的科技水準將會遠遠超過所謂的現代西方科技。現代西方科技是有漏的，有漏必定局限，而我們中華是無漏的智慧、圓滿的智慧，並不代表在現實中我們做不出科技發明、做不出超越西方的先進產品。當真正的智慧出來，那是世間的智慧和出世間的智慧融合為一體，是一個太極，是大智慧。

當大智慧出現時，中華將英才輩出。同時，我們研發出來的科技產品，既遠超過西方，又可以與大自然和諧共生，不會破壞大自然，這才是真正的智慧與科技的正確發展方向。不能再一味學習西方、再沿着西方的路繼續走下去了，地球已經不適合人類居住了。現在西方的核彈、生化武器等，已經能夠消滅地球人幾十、幾百、甚至上千次，太危險了。現在每個人都坐在火藥桶上，人類隨時都可能全部滅絕，這並不是危言聳聽！為什麼會出現這種情況？就是因為科技、智慧發展的方向出了問題。因此，這才是我們之所以要學習《六祖壇經》、學習佛法的意義所在。

中國漢唐時期，甚至更早的春秋戰國時期，中國人的發明創造、創新能力之強，舉世公認。而漢唐時的中國人

是當時全世界生活最好的，所以稱為強漢盛唐。那個時期中國人的衣食住行，以及現實生活的便利，是同時期西方中世紀的人所無法想像、極其羨慕的。然而，無論當時中國多麼發達，實現了多高程度的發展，都沒有破壞大自然，也沒有想去破壞大自然。

事實上，那是一種多麼高度的發展！大唐、大宋時期人的心理狀態，幸福感有多強，多麼的開心，現在看一看唐詩宋詞就能有所感受。而在大唐的時候，不僅是所謂的知識份子能作詩，一個普通的老百姓，甚至是耕種勞作的農民，都隨時可以作詩。唐詩整體上就體現出，大唐盛世之時我們中土老百姓的幸福感。而現在還有幾個人能安心作出一首那樣的詩歌？其實，首先不是能不能的問題，問題是在於還有那種心情嗎？現在所謂的詩人寫的都是哀鳴，有多少所謂的詩人是快樂的、幸福的！

所以，社會的發展、科技的進步、智慧的迸發，一定是在某種前提下出現的。首先必須是一個完整的人，以人為本，人與自然和諧相處，在這樣的前提下發展所謂的科技、所謂的智慧。這就是為何般若不是簡單用智慧兩個字可以代表的，其中的區別其實很大。所以，當我們學了般若這兩個字，就知道方向的問題了。為什麼在這方面多講

述幾句？因為，中國人近兩百年來的被動挨打，已經失去了方向，把西方當作唯一學習的目標。然而學也學不會，也無法超過人家，所以現在整個中華民族都在自卑。然而方向一旦明確之後，我們就不要再自卑了，就不要再一味向西方學習那種低級的世間智慧了。而是要想辦法把我們老祖宗的般若之智挖掘出來、倡導起來。

智慧能斷煩惱，智慧還有什麼特性？真正的智慧必能「度生死」，真正的智慧不是指在現實世界裏生活得更好、更便利，真正的般若之智還得看透、看破生死，能解脫生死。看破生死是真正般若之智的一大特性。

智慧的第三個特性是「得解脫」。真正的般若之智，或者真正掌握了般若之智，則自心常生智慧，生出來的智慧必然會讓人更加自在，是解脫自在。同時還有第四個特性，即「證菩提」。何為證菩提？

首先「菩提」指的是我們心向圓滿之心，所謂「菩提自性本來清淨」，即所有人發展的方向最終都必然是一個結果——成佛。而佛的狀態又是什麼樣的狀態呢？即是無餘涅盤、常樂我淨，佛的狀態就是最圓滿的狀態。所以，六祖惠能見到五祖時，第一句話就是「惟求作佛，不求餘物」。

那麼，如何能做佛，讓我們更加圓滿？只有學習佛法

的般若智慧。般若就是學佛、做佛的智慧，就是圓滿的智慧，不同於世間的智慧。所以，智慧必須同時具備這四個前提條件，「斷煩惱、度生死、得解脫、證菩提」，才能稱其為般若之智，才是真正的大智慧。

然而，真正的佛或者菩薩本身是不是神通廣大？西方製造出來的飛機大炮、輪船火箭，佛、菩薩能不能製造？其實對佛菩薩來說，製造那些太簡單了！但是，佛菩薩製造任何東西，一定不會破壞地球的生態環境。犧牲地球的環境，甚至整個生態系統，來製造東西的絕不是佛菩薩。那是什麼呢？那就是妖和魔。

現在西方正在進行的製造活動，需要冶煉鋼鐵，然後就把一座山、鐵礦石都挖掉；需要燃燒石油，就把地下的石油都抽乾，然後用烈火燃燒，到處烏煙瘴氣、粉塵廢氣；還有現在的農業，都在使用化肥，侵蝕著土壤。那些是佛菩薩能做的事嗎？電影《指環王》三部曲（台灣譯名《魔戒》），精靈世界是什麼樣的，沒有重型武器，都是人和大自然和諧共生，即使是他們的武器，也都是自然界中的武器，能量一點都不小，但是並沒有破壞大自然；而索倫製造部隊的那些魔窟，就是在挖地砍樹、冶煉金屬，而魔窟所在的那一帶環境都變成了什麼樣子，哪還是人能生活

的地方！但《指環王》中是西方在描寫我們東方是魔窟，描繪我們東方人是魔。然而事實上誰才是真的魔啊？

東方中華一直以來，引領地球幾千年，我們的文明使地球越來越欣欣向榮，地球與人的關係越來越和諧。而西方引領世界才最近兩百年的時間，整個地球是不是已經變成魔窟了？到底誰是魔？所以，看一看這部電影，再想一想我今天所講的。人類下一步的發展趨勢，到底是往哪個方向？不要妄自菲薄，也不要覺得西方生產了大炮，我們東方得生產比他們更大的！這樣就錯了，魔才是這樣的，我們不能跟著魔去學，不能與修羅、魔去比這些所謂的科技。中華有自己的一套體系，我們要從中製造出來比西方威力更加強大，但是同時不破壞環境、不破壞生態的一套東西，這樣才是般若之智。

所有產品製造出來之後，不是為了打仗，不是為了感官更加享受；一定是能使人斷煩惱，有幸福感、開心，人的感受是第一位的；能度生死，即知道宇宙自然發展的規律，只有如此才能「跳出三界外，不在五行中」，才能脫離生死；然後才能得解脫，即大自在，大自在了就可以隨心所欲，自己掌控著自己的命運；這才是智慧呈現，「證菩提」即到最後每一個人都走向圓滿。

有人問：「老師，每個人都走向圓滿，可能嗎？」

　　無論可能還是不可能，那是我們的一個目標。我們為什麼學佛法？為什麼學《六祖壇經》？就是因為我們有共同的目標，每個人都希望走向圓滿。能不能走到圓滿，那要看後面完整的修行過程。但是目標得定好，方向不能錯。所以，這就是般若，如此就清楚了什麼是真智慧，平時要向哪個方向去學、去修。一定要修圓滿的智慧、無漏的智慧、具備上述四大特性的智慧，這是我們修行的方向。

第四節

佛道儒天地人儒學最圓滿
佛法中土化禪是大融合

用了這麼大的篇幅說明般若兩字，因為這就是第二品整體的核心，這一品的核心同時也是《六祖壇經》整部經典的核心。就是大智慧，就是在教我們如何得到佛的智慧、般若之智。

我們要記住，佛法一定是最落地的，道法一定是最落地的，儒學一定是最落地的，都是最實用的。那麼佛法主要講的是什麼呢？佛法主要講的是本體，解釋宇宙、自然、包括人的本體。本體是什麼，本體怎麼來的？我是如何離開了本體，又如何能夠回歸本體？這就是佛法所講。

而道講的是什麼呢？道講規律，宇宙自然的規律。道不講本體，僅用一句話帶過「道生一，一生二，二生三，三生萬物」。道主要是講萬物怎麼生，即二怎麼生的三，三又怎麼生的萬物；道，是以五行為核心來揭示宇宙自然的規律，以及宇宙自然中所有人與萬事萬物之間的生克關係。

儒學一樣也是揭示規律，對本體這一方面的闡述同樣也不多。儒學闡述規律，講究的是「無極生太極」，這一

句話就將本體略過了；然後就是太極怎麼生兩儀，兩儀怎麼生四象，四象怎麼生八卦。儒學是從兩儀、四象、八卦、六十四卦的角度，來闡述宇宙自然的規律。

所以，儒學和道學其實還有一定的區別，雖然講的是一回事，但是闡述的角度不同。道學是以五行為核心闡述整個宇宙的發展，其規律和生克關係是什麼。而儒學是以八卦為核心闡述整個宇宙自然的演化規律，從起始就是八卦，伏羲始作八卦，然後八卦演化成為六十四卦，再落地成為與人、以及萬事萬物之間的連帶、變化關係。

因此，佛講本體，儒和道都是規律。佛不注重規律，一念無明生出陰陽，二出現了，然後佛就不再往前走，就不管再往前是怎樣的發展規律，即是當有分別、到達二的時候，直接返回本體。這就是佛告訴我們的大智慧，不需要那些規律，從本體一出來，知道是怎麼出來的，直接就回頭是岸。怎麼返回本體？何為回頭是岸？所謂修行就是回家，那麼你是從哪兒出來的？為什麼從家裏出來？既然一回頭就是岸，那知道以後，回頭往家裏一走不就成了嘛。

道和儒則會繼續往前走，按照規律繼續往前走，也就是說路不能亂走。路是有規律的一條線，要按照規律繼續走、走、走……地球是圓的，從一個地方離開了家，家在

後面，不停的往前走，只要別走岔路、別走偏了，就一定能走回家。但是，走偏了你就回不到家的起點了。佛講回頭，儒和道不講回頭，而講究按照規律不斷的往前走，最後一定能回家。因此，儒學講止，道家講損，其實都是在讓人走到那一條正路上。

幾千年來，中華文明的主流就是由儒釋道構成。要清楚，佛、道、儒三家是相輔相成的，佛是本體，道是規律，儒也是規律，道的規律是做事的規律，儒的規律是做人的規律。所以，佛代表天、本體即是天，道代表地，儒代表人，佛道儒就是天地人的關係。

佛同時代表心，心是摸不著、看不見的，同時即是本體。沒有這顆心，我們什麼都沒有，一顆心既是局部又是整體。我們可以沒有胃，沒有膽，可以只有一半的肺，只有一半的肝，只有一半的腎，只有一半的腸，手腳也可以只有一隻、甚至沒有，但是心不能只有一半，心哪怕差一點，整個人就沒有了。所以心代表整體，既看不見，又實實在在的存在。即所謂，心代表佛，佛代表心。

道代表什麼呢？道就相當於我們身體的骨架，整個骨架就是整體的規律。那儒又是什麼呢？首先要清楚，儒不是血肉，不是指掛在骨架上的血肉，儒代表的是整體的人。

在儒學裏，既包含了佛的心，又包含了道的骨，然後還有人的血肉，從而形成一個完整的人。所以儒釋道三門之中，最圓滿的學問就是儒。這個說法可能顛覆了大家的知見，大家都認為佛是最圓滿的。其實不然，佛只代表心，代表一部分。

當以後我們有機會講解儒學的時候，就知道儒學中既有佛的本體，又有道的規律，是最圓滿的一套學問，儒學才真正是我們中華民族、華夏文明的代表。所以，幾千年來無論外族侵略與否，儒學就沒有斷過。中國兩千五百年以來，所有的教育體制都是以儒學為主流，佛和道都是輔助。

公開的教育體制，自古以來一直都是以儒學為基礎、為主流，之前從未斷過，何時開始斷的呢？現在不是以儒學為基礎，新中國建國以來儒學是被打倒的、是被批判的對象，被扔進了糞坑、垃圾堆。這種情況在歷史上從來沒有出現過，即使元是蒙族，滅了南宋統治中土的時候，以及清朝滿族統治中土的時候，儒學都沒有斷過。只有新中國建國後，儒學才真正斷了，現在沒有人懂儒學，中華民族、華夏文明的根很可能就此斷絕了，非常的悲哀。

所以，我們要研究文化、研究宗教、研究信仰，不是

僅僅研究宗教、信仰，而是在研究整個文明和文化體系。可以這麼說，沒有儒學就沒有漢唐的輝煌，儒學對中華文明、對整個中華民族的貢獻，無論如何都是功德最大的。但是現在的年輕人，說到儒學都在謾罵，認為那是統治階級的工具，是腐朽的糟粕。如此說話之人，懂儒學嗎？知道孔聖人如何才能成為聖人嗎？那是承載了整個華夏文明的一切。孔聖人能把整個華夏文明體系成熟的建立起來，又能把伏羲建立的一整套華夏文明，在儒學中完全落地，那是中華民族的根啊，這個怎麼能丟，怎麼能去片面的理解呢！有機緣時，好好講解一下最圓滿的儒學，就知道我們現在學習《六祖壇經》的所有內容，都包含在儒學的範疇內。

不要以為《六祖壇經》是從西方印度傳過來的，佛法並非從西方印度傳過來的，現在我們所學的佛法和古印度的佛法完全是兩回事，已經中土化，和華夏文明融合為一體，完全是中土的佛法了，現在印度的信仰完全不一樣。而佛法就是從六祖惠能開始中土化的，就是從這部《六祖壇經》開始，把印度佛法的教理、教義，和我們華夏文明以「易」為主脈絡的儒學文明，完全融會貫通起來了。當「禪」出現的那一天，即禪宗出現的那一天，就已經大融合，我們所學的佛法就不是印度的佛法，已經超越印度的

佛法了。我們中華的信仰、佛法教理教義與現在印度的宗教完全不一樣。

所以，在學般若品這一品的時候，一定要有方向性，要知道般若到底是什麼。般若代表智慧，但不只是簡單的智慧兩個字就可以代表般若。首先必須得清清楚楚的通達、勘透，般若的智慧和普通的智慧有何不同，之後就是再告訴我們如何得到這種智慧。即是在說明這種智慧的前提下，得到這種智慧。

波羅蜜多也是梵文，意思是到達彼岸，到達生死彼岸。具體的說，到達的是哪個彼岸？其實就是我們前面所說的，大智慧的四個特點。那個彼岸是斷煩惱的彼岸，超越生死的彼岸，得解脫、大自在，心想事成、掌控自己命運的彼岸，是證菩提，即圓滿的彼岸。其實，彼岸就是智慧，彼岸就是智慧的目標終點。

如何到達這個終點？怎麼到達波羅蜜多？要用智慧之船。智慧是大法船，般若是大法船，能到達波羅蜜多彼岸。摩訶是在講宇宙本體，在這個本體下，要運用般若智慧，坐上這艘大法船，就能到達波羅蜜多彼岸。

摩訶是大，所謂的大，凡人僅能領悟到世間的物體大小，而摩訶的大又包括了出世間；所運用的智慧，也不僅

僅是世間的智慧；而彼岸在哪裏呢？彼岸也不是在世間。如此可以理解，摩訶的大是出世間的大，般若的智慧是出世間的智慧，波羅蜜多彼岸也是出世間的彼岸。一切都要離開世間，世間是假，得借假修真；世間也僅僅是太極圖中的白，還有一半是黑，那就是出世間，一定得是出世間和世間合二為一，最後才能做到摩訶般若波羅蜜多。其實僅僅解讀這幾個字，就是在解讀整部《六祖壇經》。

上面解讀的是理，是在明理，還有密修的術。只明理不行，摩訶的大是出世間的大，還得透過密修來體悟摩訶的大、般若的智慧、波羅蜜多的彼岸。僅從理上明白，叫做解悟。還必須得有方法修煉，然後真的能夠體會出來何為出世間的大、什麼是出世間的智慧、什麼是出世間的彼岸，這叫做行悟，即有方法密修。理上通了，又能體悟到、領悟到，而且是真的領悟到了，最後才能做到證悟，證悟即是結果，即是能夠真正修成。只有理不行，只有術也不行，必須是理和術，即解悟和行悟結合到一起後，才能做到證悟，這才是真正得了。不是只知道理，只是明白了，而是真得了、真變了，身體真的就發生變化了，知見、觀念、思維模式、行為模式真的就變了。

不是哲學意義上的，而是在現實中真變了。現實中就

能掌握自己的命運了，就能做到心想事成，在現實中就能圓滿，那麼同時也就能超越生死。現實中圓滿，就斷煩惱，就得解脫、大自在、隨心所欲，然後又能夠超越生死，想虹化就出現一道彩虹、一陣雷聲，就虹化走了。能虹化走也是修來的、行悟來的，行悟是有方法的。一瞬間「超出三界外，不在五行中」，就和宇宙同在，虹化之後與宇宙同在，不就是超越生死了嗎？最後，證菩提即是成佛，這就是我們修行的意義。

但是我們知道，要在解悟後，即在理上通了之後，再教密修的方法，再轉化身體。身體的轉化即是和宇宙自然同體，從而感受、感悟整個宇宙自然，與之溝通。那是在一種同體狀態的時候，感悟這個理。否則，一個「摩訶」只知道是大，根本就體會不到是什麼樣的大，僅僅是想像非常巨大，是沒有用的。

你以為理解了，但是真正的佛法不是用意識去理解，或者從邏輯上去判斷、分析。當知道這個詞了，知道這個意思了，不要再去想了，不要「境上生心，念上生念」了。不要再去妄想了，因為你只是在妄想，其實根本想像不到什麼是廣大無垠，你現在一想最多只能想到銀河系，再繼續想到某個星雲，好像能看到那個星雲。但是，一說到廣

大無垠，你絕對想像不到，也不知道什麼是無邊無際，但是透過行悟，透過密修的方法，真的到了出世間的狀態下，瞬間立刻就知道什麼叫做廣大無垠、什麼是摩訶、什麼是般若，般若的智慧又是怎麼來的。

真正感受到、體悟到，才叫做「得」。然後才能知道佛境界是怎麼回事，常樂我淨是怎麼回事，什麼叫做波羅蜜多。所以，在此要先通理，之後我再帶大家進入密修的部分，再教大家如何脫離世間，感受什麼是出世間。你現在完全被世間所迷，根本一秒鐘都脫離不了世間，被世間法控制著，所以再給你講出世間的事，你也理解不了，而且那也不是理解的。所有出世間的一切，都是感悟的。必須脫離世間，進入出世間，才真的能夠感悟何謂摩訶般若波羅蜜多。

所以，學習《六祖壇經》，一定包含兩部分：一部分是理必須先明，打破知見障礙。打不破所知障，破不了心中那些所謂的規則，就永遠出不了世間，永遠都在世間法裏不停打轉。當所知障破掉了，那些知見、規則、觀念都破掉了，真的能放下了，才真的能夠進入出世間那無限擴展的空間，才真的能夠感悟到宇宙自然原來還有另外那一面，生命才真的有可能昇華和超越，那是實實在在真實的

境，不是口說的，不是想像的。

脫離不了世間，你永遠都是個凡人。所謂超凡入聖，聖人的肉體在世間，但是聖人的思想、聖人的靈體可不在世間。靈體脫離不了世間，還困在這個肉體之中，就永遠成不了聖人，永遠體會不到什麼是摩訶、什麼是般若、什麼是波羅蜜多！

所以，《六祖壇經》的學習：一部分是理，從字面上學；一部分是密修。兩部分都要教授，一部分解悟、一部分行悟，合起來最後才能證悟，才真的能夠超凡入聖。超凡入聖不是了解多少知識，往台上一坐誇誇其談、滔滔不絕，給別人提建議、做諮詢，不是那種狀態。

一旦入聖了，你知道自己入聖了，你完全清楚自己已經是聖人了，可不是別人給你做個評價，必須得給你頒發一個諾貝爾獎，你才成為聖人的。你自己都不知道你是聖人，那你就一定不是聖人。所有的聖人，一定清清楚楚的知道自己已經是聖人了，因為那不僅僅是一種理上明的狀態，是行上也要悟的狀態，身心俱變，完全不同於凡人。但是，絕對沒有一個聖人會說：「我已經是聖人了。」也絕沒有一個聖人會去找另一個聖人說：「給我印證一下我是不是聖人。」這樣做的也一定不是聖人。所有的聖人真

正成聖以後，不會找任何人印證，也不會跟任何人說他已經是聖人了，他一定會非常謙虛的說：「我就是一個凡人。」這是一定的！但是他所呈現出來的神跡，他的教化、他的智慧、他的廣大，是能感受到的。人們一定能感受到這就是一位聖人，絕不是凡人。

第二章

只緣心迷不能自悟
大善知識示導見性

第一節
無明之網割碎菩提般若智
聖人模式直心邏輯有先後

六祖惠能馬上又說，【復云：「善知識！菩提般若之智，世人本自有之，只緣心迷，不能自悟，須假大善知識示導見性。」】「善知識」是對人的尊稱，即對壇下聽法諸人的尊稱。「菩提般若之智」，前面已經講述了很多，「摩訶般若波羅蜜多」中的般若大家都知道了，菩提即是圓滿，因此菩提般若之智即是圓滿的大智慧。

這種智慧真是太好了！掌握了這種智慧，既能有現實中最先進的科技，又不破壞自然環境、以及生態系統，同時還能夠斷煩惱、度生死、得解脫、證菩提，這不就是我們每一個人都想要的嗎？我們學佛到底學什麼？有了這種智慧，本身不就是佛了嗎？

當然立刻就會有人問：「老師，這種智慧我能練出來嗎？怎麼練呢？」

六祖惠能馬上繼續說，「菩提般若之智，世人本自有之」，就是告訴我們，這種大智慧你本來就具備，是不需要練的，也是不可以練的，刻意的練這種智慧是練不出來

的。每一個人本來就有，本來都可以大智慧現前，這種智慧不同於西方的那種智慧。但是「只緣心迷」，意思就是每一個人都有，你怎麼顯露不出來呢？因為你的心被迷住了，「不能自悟，須假大善知識示導見性。」得有明師示導，即演示、引導，才能見性。見性之時，即是你的菩提般若之智現前的時候。

學佛入門就是明心見性。明心，知道這顆心摩訶般若，即是廣大無垠，出世間的大智慧本來就具備，這是明心。見性，即是有方法讓這種大智慧顯露出來，是方法。所以明心見性，就是學佛入門的基礎、前提。

那我這顆心是怎麼被迷住的呢？自性本來清淨，清淨的自性還在，而後面向外顯露的時候，由於我的一念無明，起了分別心，開始不斷的比較，在比較的狀態下，即有了善惡、對錯、美醜、黑白，有了這些對立就有了取捨。有對就有錯，我取對捨錯；有美就有醜，我嚮往美而不要醜；我嚮往的時候就取，我排斥不要的時候就捨，捨的就被屏蔽，取的就被加強。如此，一念無明，分別一起，世界就變成了對立的兩半，我就已經把一半捨掉了，也就是屏蔽了一半。而般若之智是清淨的自性全體顯現的結果，如果只顯現一半，就已經失去了整體性，看到的就是片段。然

後我又在取的這部分中，不斷比較，又有取捨，不斷捨的過程就又是屏蔽的過程。

這就是我們的第六識所起的作用，比較、分析、推理、決策，決定哪個不要、哪個要，而不要的根本就進不來。我們自身是有防禦系統的，第六識是把守大門的門衛，所有能進來的資訊必須經過第六識這個門衛。不好的、對我不利的、我不想要的，根本進不來，所有進來的資訊都是我想要的。不斷取捨的過程，可不是只有一個門衛，而是層層門衛，層層的觀念、知見就形成了一層層分別與比較的網。本來清淨的菩提自性，顯露的般若之智是整體，每時每刻都是整體一起出來，但是意識的、分別和比較的、層層的網，就在層層的過濾。

而過濾就是屏蔽，不斷的過濾、不斷的屏蔽，等到整體被過濾了大半，到達中樞神經的時候，第六識接收到的資訊，就已經是支離破碎，完全不是整體了。各種支離破碎不成樣子的碎片，藉由第六識進入中樞神經，然後在中樞神經成像，形成各種聲音、味道、觸感。我們又透過這些碎片來做決策，其實這時候的決策一定做不準，因為已經不是整體、不是全體，而是支離破碎的碎片了。所以，我們用我們的邏輯思維做出決策，好像接收到了所有的資

訊，但是其實我的知見觀念、我的分別與比較之心，所形成的那些巨大的網，已經把整體分割成無數的碎片，而我在我的中樞神經、大腦當中，又試圖用一種邏輯的線，把這些碎片穿起來，形成一個正確的結論。事實上，這是不可能的。

真正所謂正確的結論，即是了了分明，就是那個沒有經過過濾的本體，就是「一念不生全體現」的那個全體。所以，迷的過程就是指自性清淨的大智慧，經過中間層層網的不斷過濾和屏蔽，到中樞神經時，接收的都是小碎片。所以凡人什麼都看不透，什麼都看不清。

聖人又是如何？聖人不斷的修、不斷的修，就把本體與意識及形成決策的中樞神經中，那些屏蔽的網層層剝掉。任何事情來了，就直接感受到全體性，這就是了了知、了了明、了了見，就是了了分明，就叫做直心是道場，直心中間沒有遮蔽，中間沒有過濾，中間沒有比較，所有的篩選、屏蔽都是比較、分別。所以，要真想感受到這種般若大智慧，只有一個辦法，就是不斷的把分別與比較之網，這一張觀念之網、知見之網，也就是無明之網，一點一點的剝離、剝離。這張網形成了強大的邏輯性，邏輯越強大、越是理性、越重分析、越重推理，這張網就越密、越厚，

得到的資訊就越碎、越是小小的碎片，最後邏輯性非常強的人做出的結論往往是錯誤的。

上面所說的其實就是專家，為什麼現在大家都諷刺專家！專家在某個領域特別專長，非常熟悉和瞭解這個領域的發生、發展過程，以及這個領域的知識、經驗、人脈等等。而且專家有個共性，都有強大的邏輯，有強大的分析、推理、判斷，拿出方案時說得頭頭是道，邏輯性特別強，所講的從邏輯上去分析一定沒有任何漏洞。但是專家現在為什麼成了被磚頭打的「磚家」？變成磚頭的磚，就是因為專家只是分析得絕對到位，積累的經驗絕對到位，但是結論卻往往是錯誤的，這就是問題所在。

而那些所謂的大師根本沒有什麼邏輯，放任不羈，都屬於那種沒有積累的人，一拍腦門直接就說，但結論往往是正確的。

有人馬上說：「老師，那大家都拍腦門兒唄！」

那不都成傻子了嗎？現實中怎麼能那樣去做呢！

拍腦門兒是什麼意思？所謂的大師，是放下了那些所謂的邏輯，自性清淨的本體就在那裏，只需心中一想。宇宙萬事萬物都是心所造的，當心中一想的時候，其實立刻就對應本體，整體馬上就出來了，只要不去屏蔽，自然就

能感知，結論就在那裏。

因此我們要知道，凡人的模式和聖人的模式還有一個區別，任何事情來了，凡人的模式都是馬上先從這個事情的緣起到發展，開始分析、判斷、推理，然後得出一個結論，再去現實中驗證這個結論，這就是凡人的模式。聖人的模式是，同樣是事情來了，先有結論、先有結果、先有答案，然後再來推演這個結論答案是否符合邏輯。

有人馬上說：「哎！老師，這不還是邏輯嗎？」

這可不一樣，其區別就在於，凡人模式是先有邏輯後有結論，聖人模式是先有結論後有邏輯。

邏輯和形象，即邏輯思維和形象思維，到底哪個好？聽前面所講的意思，邏輯思維太不好了，我們得放下邏輯。然而，放下邏輯不代表沒有邏輯。就像我們的禪，禪宗所謂「不立文字，教外別傳」，六祖惠能不認識字，他也說真正的佛法精義不由文字而來，那麼不立文字就是不要文字嗎？如此一說，經典是不是就可以扔掉了？就不要從經典上來學習？這麼理解就錯了。不由文字、不立文字，不是不要文字，要清楚真正的意思是不可以執著於這些文字。文字是假，不能呈現出全體性。然而，雖然文字是碎片，但是碎片裏有沒有全息？碎片裏有沒有整體？

不由文字而來、不立文字，真正的意思是不要執著於文字本身的碎片，但我們要從碎片當中看到全息、全體。其實並不是不要文字，沒有佛經佛典引導我們是不可能的。我們如何知道聖人是何模式、是何知見，用什麼方法和手段認識和感知這個世界？只有透過經典，才能達到目標，但是又不能執著於經典。不執著於經典的字，而失去經典的本意，這才是真正不執著於經典。經典是假，我們要從假中認識出真，沒有這個假，我們也找不到那個真。所以，不立文字、不由文字而來，是這個意思。

　　同樣，我們想要般若大智慧，怎麼才能自心常生智慧呢？只能不離自性。那如何才能不離自性呢？放下分別、放下比較、放下邏輯。

　　但是要清楚，放下邏輯可不代表沒有邏輯，一個人完全沒有邏輯性怎麼行！真正的聖人一定是，既有強大的直覺心，即是靈感，同時又具備最強大的邏輯性。絕不是學習以後就只剩直覺心了，任何事來了一拍腦門，第一感覺出來什麼，直接就憑直覺去做，不允許分析、不允許推理、不允許有邏輯，直接做。那樣做就是傻子、瘋子，那麼任何事都讓小孩子決定唄！三歲小孩什麼也不懂，也沒有邏輯。

　　有事來了就問一句：「兒子，這件事你覺得能不能做

呢？這個計畫一千億投資，你說能投不能投啊？」

孩子隨口說不能投，然後就不投了，認為這就是直心是道場，因為小孩子沒有任何邏輯。錯了！不是這個概念，一定要知道有順序存在，必須要有直覺心在前，還要有邏輯性在後，任何一個結論出來，絕不能一拍腦門就這麼做了。

就像愛因斯坦的相對論，就是結論先出來，即物質加速，逐漸接近光速的時候，體積就會不斷的變小，質量不斷的增大，接近達到光速就看不見了，體積幾乎沒有了，但是質量達到無限大。這到底是先經過邏輯推理，而後出來結論；還是先有結論，後來大家再進行邏輯推理驗證呢？事實就是先有結論。這個結論剛出來的時候，回應的聲音都是，「憑什麼說是這樣的結論呢？」「是不是都沒有經過驗證啊？」其實，相對論就是典型的先有一個整體結論，然後用了大半個世紀的時間不斷的驗證，甚至一直到現在還在驗證著這個結論。那麼，驗證的過程又是什麼過程呢？就在設計各種實驗，驗證這個結論到底對還是不對。如此是不是就有了強大的邏輯性。

所以要明白此處所講的意思，本身自性清淨，般若大智慧人人都有，但是為何到我這裏就變成了世間的小智慧；我的決策正常情況下應該是了了分明，為什麼經過我邏輯

嚴密的推理、分析、判斷，最後結果卻做出了一個錯誤的決定？聖人與凡人之間到底區別在哪裏，到底哪點不同？六祖惠能在講菩提自性，菩提般若之智，世人本自有之，只緣心迷，不能自悟。即是說，我本來是聖人，怎麼變成凡人？我們正在講解這個過程，一旦知道了如何由聖人變成凡人的，就會知道怎麼再從凡人變成聖人。

任何事情出現的時候，本來清淨的自性、即結論，立刻全體就出來，就在這裏了，然而隨後我層層的、比較的網，形成了各種屏蔽，不斷的屏蔽，等到應該中樞神經做出決策的時候，其實都已經支離破碎了。所以，做出的決策看似是經過強大的邏輯分析出來的，但事實上結論往往是錯誤的。就是這個理。

迷人隨波逐流無法自拔
明師示範引導由人昇華

　　我是如何被屏蔽的？為什麼會屏蔽？為什麼會比較？到底在比較什麼？也就是說我到底在哪兒迷失了？六祖惠能告訴我們，「菩提般若之智，世人本自有之，只緣心迷」，就是說，心迷即是使我喪失般若之智的根。心被迷住了，我就得知道是被什麼所迷，怎麼被迷住的，既然這是障礙我般若之智的根源，我就一定要找到他的本質，然後起修，不斷的修，把迷修成悟、覺修成醒。

　　那怎麼修？首先得知道我是被什麼所迷。迷分幾類，有內迷、有外迷。外迷，即是外被五欲六塵所迷；內迷，即是內被我的根深六識所迷。如此可以知道，我的心是怎麼迷的，被什麼迷住了，為什麼我見不到我的自性、我的本心。

　　所謂外被五欲六塵所迷，五欲又是什麼？五欲即是我們現實中的財、色、名、食、睡，是我們最喜歡的。誰不愛財，執著於財就被財所迷；誰不愛色，執著於色就被色所迷；名聞利養，每個人都希望別人讚嘆自己，都想得到

別人的認同，都希望別人尊重自己；食，每個人都好吃，沒完沒了的執著於吃；睡，都想睡到自然醒，一直睡下去不用醒才好呢。外五欲，是我們人生的五大欲望，我們就被這五大欲望所牽引，使我的心迷了，不見本體。

外六塵，就是我們前面第一品中所講的，色聲香味觸法，這六塵即是外部的花花世界。我們被色所迷，比如風景好的地方，放假了我們就要去風景非常好的地方旅遊，流連忘返，這就屬於被色所迷；每到晚上我們就喜歡觀星空，被浩瀚無垠的星空所震撼，就被星空之色所迷。喜歡聽悅耳的音樂，特別喜歡聽某位歌唱家演唱，這就是被聲所迷。我們喜歡香氣，花香、飯香、香水香，就被香所迷。喜歡濃濃的滋味，酸甜苦辣鹹不同的美味，就被味所迷。喜歡舒適柔軟的座椅，喜歡特別溫暖舒適的床；走到哪兒都貪戀適度的溫度，就喜歡 22 到 24 攝氏度，在家裏空調設定這個溫度，出去時車裏也是這個溫度，一進辦公室也是這個溫度，商場、影院裏基本都是這個溫度，我一直都要生活在這個溫度下，這就是被觸覺所迷。這些都屬於外六塵。

所以，我的心被五欲所迷，被六塵的境所迷，迷失了自己，忘了這些都是發自我的內心，都是一種呈現，依然

不斷的改造這些，改造是為了使其符合自己最舒服的狀態。我們並不是調心，而是直接改造外在的環境、外在的狀態，使之符合自己的感官，即是自己的「受」，使之更加刺激、舒服。為了自己的感受，不擇手段，什麼事都做。所以我們的心就這樣被迷進去了，根本不去想清淨的本體、本性如何顯露，而是天天想著怎麼讓自己的生理、身體更舒服一點，讓自己的心理更舒服一點，就是被五欲，以及六塵六境所迷。

何謂被內所迷呢？根深六識，自身的感覺、情緒、感官、感受。根是六根，六根對應外部的六境、六塵。而六識隨時都在判斷著外部藉由六根而來的資訊。

你隨時都在判斷，「不行，天氣冷了，真不舒服，我要換個地方。」

隨時在判斷「哎呀，這個菜的味道真不好，我不想吃。那個味道好，我要到那家餐廳去吃。」

在判斷「這個地方有股惡臭，太不舒服了。我要到那座大廈，裏面非常香。」

所以，你的六識隨時不斷的做著判斷，你又在六識不斷的牽引下做著取捨、決策，然後你的一生其實就是在追逐五欲和六塵，在適應著你的六識，透過六根來滿足你的六識。

你這一生就是隨波逐流，隨的就是生理上的感受之波，然後做著影響你一生的決策。所以你就是個迷人，被外境所迷，被物欲所迷，被自己的情緒所迷，被自己的六識所迷。迷是什麼意思？迷即控制。你被五欲控制了、被外境控制了，你就被整個宇宙的萬事萬物控制著、被你的情緒控制著、被你的生理需求控制著。

　　所以，你見不到本性，見不到自性般若之智。就算在你的眼前呈現，但是由於五欲、六塵、六識、六根的存在，你建立了篩選過濾的網、屏蔽的網，你所要的就是財更多一點的感受、色更漂亮一點、名聞利養、吃得好、睡得舒服，六塵也是，你只是奔著這些，就把不是這些的都屏蔽掉。你不斷的取捨、取捨……外迷、內迷……漸漸的失去了你自己，漸漸的本性般若大智慧，在你不斷的比較、取捨中，不斷的執著、妄想中，被深深地屏蔽、深深的遮住，所以你就見不到大智慧了。

　　因此六祖惠能告訴我們，「只緣心迷，不能自悟」。即使知道這個理，我也很難從五欲六塵、深根六識當中解脫出來。悟是什麼意思？就是我找到了那顆心。悟字左邊是豎心，右邊是吾，即我找到了那顆心，心與那五個口亦即眼、耳、鼻、舌、身合為一體了，這叫做悟。不是另外

有個東西，而是回歸本來叫做悟。但是，我無法自己回歸本來，我已經被我造的外境、以及內境深深的迷住了，已經無法自拔了。我天天想的就是財、色、名、食、睡，天天對自身的生理感受、情緒變化非常的在乎、無法自拔，這叫做不能自悟。

這時怎麼辦？六祖惠能接著就告訴我們，「須假大善知識」，假即是依靠。依靠大善知識，還不能是小善知識，何謂大善知識？小是指世俗、世間的善知識，《六祖壇經》中經常出現，六祖惠能說「善知識」，意思就是說，所有的人都能叫做善知識。而善知識與大善知識，就有點兒像廣大與摩訶、智慧與般若，相對應的感覺。其實，大善知識就是指得道的人。何種善知識可以稱之為大善知識，何人可稱得道之人呢？必然是已經脫離、超拔出現實世界、物質世界的人。如果沒有超出物質世界，還困在物質世界裏的人，不可以稱之為大善知識，也一定不是明師，也不可稱之為得道之人。

我的心迷在了哪裏？迷在五欲六塵、根深六識，即所謂的內境與外境。那內境與外境是指哪裏？其實就是現實的世界，也就是物質的世界。身體內部的感官、感受，這叫內境，即向內迷了；身體外部的五欲以及六塵，那叫外

境。外境加上內部的感受即內境，合成了我現實世界的全體、全部。我就迷在了現實世界中，就困在了物質世界中，超脫不了，我的眼睛看到的只是現實世界的一切，我的耳朵聽見的也只是現實世界、物質世界的一切，這即是被迷住了。

有人問：「老師，除了現實世界、物質世界還有什麼？」

其實還有精神領域。這個世界難道僅是現實世界構成的嗎？如果認為僅僅是由現實世界構成的，這就是典型的被迷在現實世界中，找不到回家的路了，這就是我們的心被迷住的現狀。然而，怎麼找到回家的路，家到底是什麼樣子，其實我們早就已經忘了。因此，我們的古籍不斷的提醒我們，中華的聖人也不斷的提醒我們別忘了回家的路，提醒我們家是什麼樣子。

大善知識就是得道的人、明師，已經從現實中超越出去，已經找到回家的路，知道家是什麼樣子，然後再從家裏回來，回到現實中來「示導見性」。示導就是示範、引導，而不是指點。一定要清楚，這個詞用的是示導見性，就不是僅僅告訴你應該怎麼回家，而是給你示範，引導、帶領你。指點是直接告訴你一聲，路就在那裏，先走左邊，

再向右拐，然後往前過一個山谷就到了，這樣就只是指點。然而，大善知識的示導，即示範、引導，則是指怎麼才能走上那條回家的路，他要給你示範，以身示範的教你。

僅僅是引導，那就是解悟，只是在理上通了就行，之後你自己去找吧。示導則不然，所謂示導必是既要有講解，又要有示範。即是解悟加行悟，才能帶你見性、帶你回家，才能讓你找到家。雖然既示範又引導了，但是路還得你自己走啊。

所以，這就是大善知識。也就是說要想恢復、要想得到我們本來就具備的般若之智、這種出世間的大智慧，必須得有明師引領，教你如何能夠走上出世間這條路。你現在都是在世間，迷在世間，你只是知道有一個天，天上是神仙住的地方，而你就是凡人一個。你就在凡間，要想上天，只能看著天，只是嚮往著，可那沒有用。必須首先得有明師即大善知識，帶領你找到那條通天的路，你才能走上那條路，然後他再教你路怎麼走，不然你根本不會走，因為那就是出世間。

大善知識就是明師，第一品的解讀中我一再強調，沒有明師、未遇明師，不要起修。真正能遇到明師很不容易，尤其是在現在的末法時期，真正的明師鳳毛麟角，太少太

少。末法時期邪師遍地，你想上天堂，結果把你指向了地獄，這就是邪師。所以我們提倡，未遇明師的時候，不要妄談修行；我們提倡，做好人就是大修行，也就是說，你把人做好了已經是大修行了，至少是在積你的福報、積你的善根。當你的福報足夠了、善根足夠了，再發大願，自然就會遇到明師。

同時，你的善根足夠了，善根第一根即是信根，如此有緣了你一定會信，又有願，然後你再走上修行之路，就是行，此即「緣、信、願、行」。但是，現在明師太少太少了，可遇不可求，因此真正能走上修行正道的人也很少，絕大多數都跟著邪師走上了邪途，走向了地獄。我們不要為了修行冒這麼大的險，因為現在是末法時期。那應該怎麼辦？盡量把人做好。但也要理解，做好人不是做個老好人，而是把人做好就是大修行，是這個意思。

怎麼能夠把人做好？我們在解讀第一品時講過，把人該做的先都做到做好。意思就是，你是你父母的兒女，就孝順好你的父母；你是老公，就做個好老公；是老婆，就做個合格的老婆。不要天天心都在外面跑，天天四處忙著所謂的修行，跟著這個大師念佛，跟著那個大師學神通，結果把老公扔在家裏孤零零的帶孩子，這樣連人你都沒有

做好，還談何修行！其實，基本上你跟著四處跑的大師就是邪師，真正的大師不會讓你離開家，跟著他去跑，一定讓你安安分分的把人做好。

所有的修行都是在人的前提下的昇華，為人父母的就在家多陪陪你的孩子，多教導教導你的孩子，給孩子一個快樂、幸福的童年，孩子長大以後多指導。不要把你那顆心都放在外面，把你的心先收回到家裏，把家修好、修和睦、修圓滿，然後再談培養五善根，信進念定慧；培養了五善根，再種福田、積陰德；培養了福田，然後發願，比如我想成佛，或者我就要做觀音菩薩，救苦救難，拔眾生之苦，滿眾生之願，我就是想這樣，然後就發這個大願。培養善根，培植福德，然後發大願，這樣慢慢你的心就會安排你巧遇明師。

當真的遇到明師以後，你才開始起修，修的就是出世間的法。修出世間的法，這位明師必得是出世間過來的人。否則，大家都在世間，誰是明師？都迷在世間，何談明師？跟世間的師去修行，能修到脫離世間嗎？能修至出世間嗎？能從凡間修到天上去嗎？

明師都是從哪兒來的？明師都是從天上乘願再來，到凡間去尋找那些有緣人的。有緣人即是五善根已經成熟的

人，福、慧、德俱全的人。真正乘願再來的那些明師來到凡間，是尋這樣的人，結這樣的緣，然後再把這一套出世間的法，傳給這樣的有緣人。當然要經過無數的考驗，那可不是一年兩年就能經受得住的考驗。這就是六祖惠能所講的大善知識，示導我們見性，帶我們走一條正確的昇華之路。

你不要想著拋妻棄子、家庭支離破碎、不孝順父母，然後你還能昇華，天天就在那兒做白日夢。

有人疑問，「老師，六祖惠能不也是離開拋下了母親，不也是不孝的嗎？」

惠能那是一種什麼狀態，他那是為大願捨小家！那麼你是這個願嗎？

有人逞強，「老師，我也是為大願捨小家。」

你清楚你的願是為求什麼嗎？拋妻棄子，你已經學偏了！世間的家都不圓滿，世間的一切都不圓滿，你只是想著昇華，那不就是妄想嘛！

所以，雖然現在我們在引領大家進入佛法的修習，大家一起來學《六祖壇經》是為了成佛，是為了發菩薩願，救苦救難，是為了拔眾生之苦，滿眾生之願，但是不要忘

了根基，不要只是看著星空，卻忘了腳下應該踩著的大地。什麼才是你應該踩著的大地？做好人就是大修行。把人做好，把人儘量做圓滿，那本身就是大修行。你只有腳踩著大地，才能仰望星空，這是根本。你脫離了大地即做人之本，天天想著上天，以為自己上天了，其實你不是上天了，而是墮入地獄了。

但是，一旦遇到明師、找到明師，我就義無反顧，捨小家為大願，是不是這個道理？到那時一味的跟老師說，我得把人做好，我只想把人做好，是不是又太執著於做人了？必須得等父母都走了以後，等老婆也老了，孩子也都老了，我盡到所有人的本分以後，再跟隨明師修行，那就又太執著於世間，又被世間的名、世間的規矩束縛了。

我們所說的做好人、把家照顧好、把人做好，是在未遇明師的前提下。而六祖惠能在得知五祖之前是否孝順母親呢？那時他是不是天天陪著老母親，天天孝順著老母親。但是，一旦他得知有明師，知道明師在哪兒了，馬上捨小家為大願。所以，這裏也有一個理，即凡事都一定不是絕對的，在此我還要強調一下，怕有些同學們會偏執，我們既不要偏執於放棄人間的一切去求玄、求仙，也不要機會到來時卻放不下人間的一切。這個理要自己去領悟。

又有人問了，「老師，到底該什麼時候修人，什麼時候修仙呢？」

不要又落入邏輯。當我沒有得遇明師的時候，覺著遍地邪師的時候，我好好把人做好；當我真的認定這就是明師時，義無反顧的衝上前，我可以拋下世間的一切，但此時拋下世間的一切，就如同六祖惠能拋下老母親，是不是可以救度天下無數的眾生！是不是這個道理？這就是大乘佛法，大乘即是菩薩道。我們在行菩薩道的時候，要掌握這種智慧，掌握這一種大智慧。

尤其是我們禪宗法門，特別講究不離世間修行。並不是說一定要拋下世間一切，我們現在這個社會和唐朝那個時期不一樣，六祖惠能出家了，就不能見他的老母親，因為那時出家人是不可以再和世俗的父母、兄弟姐妹、老婆孩子有任何接觸的，出家就是出家了，就相當於人離世了。現在不一樣，那是唐朝時的規矩，但現在可以既把家照顧好，又走上修行之路。

我們現在所說的出家已經是不離世間，不是出家了就上山，以後再也不理家人，再也不能跟父母說話，再也不能跟老婆孩子見面了。現在這個時候跟唐朝那個時候不一樣，所以現在沒有必要再割裂開，反而要做到得遇明師之

後，越修行越圓融，越能把家照顧好、把父母孝順好、把老婆孩子照顧好、把社會上的工作做好。這就叫做修行不離世間，世間的圓滿才是我們真正修行的基礎，世間圓滿了，才可能修出世間的圓滿。這就是其中的道理所在。

這一部分的主題就是在講述，為什麼你被迷住了，自己無法脫出來，怎麼才能脫出來？必須得有明師。而什麼樣的人才可稱作明師，在沒有找到明師之時應該怎麼做，找到明師以後應該怎麼做？

第三章

愚人智人　志心諦聽

口但說空　終無有益

第一節
聰明博學並非智慧
秒睡屏蔽真法真聽

【當知愚人智人，佛性本無差別，只緣迷悟不同，所以有愚有智。】愚人、智人，其實只是稱謂而已，世上沒有什麼人就是有智慧的人，也沒有什麼人就是愚蠢的人。這裏所講的意思就是，從本性、本質上講，佛性本來無二，沒有差別，那麼為什麼有的人表現出來大智慧，有的人表現出來就是沒有智慧？這到底從哪裏能夠呈現出來？有大智慧的人能夠看到事物的本質，不會被外表、外境所迷，也不會被內境所迷，也就是我們在前面講到的心迷。

心迷有內迷、有外迷，外是五欲六塵，內是根深六識。越迷越執著，越沒有方向，也就越癡愚。癡，即執著；愚，即被障著看不清事物，這樣的人就稱為愚人。智人，即不被外境所迷，不被身心內境所迷，看問題都能看到本質。所以智人做判斷不是用思維，不是用分析能力、推理能力來判斷，這樣智慧自然自心而出，這樣的人就稱為智者。我們一定要清楚一個概念，智者不是世俗中看書多、學習多的人，不是博學之人。

博學如果方向不對，反而種了很多的錯知錯見；學了很多知識，不斷強化自己的判別心、分別心、比較心，不斷強化自己的分析力、推理能力、決策能力，這樣不能稱為智者。如此反而容易走向歧途，自認為自己有很多的知識，自認為自己懂得比別人多，看的書比別人多，知道的東西比別人多，這就不是智者。一般來講，這樣的人反而比較偏執、固執，其實擁有的不是智慧。我們所講的智，和所謂的聰明以及博學，完全是兩回事。

　　「佛性本無差別，只緣迷悟不同」，即是說佛性本來沒有什麼差別，人和人之間都沒有什麼差別，其實人性本自清淨，佛性人人皆有，只是看是否被烏雲障住。而烏雲是怎麼來的？是執著與妄想來的。一定要清楚，要放下執著、妄想，放下比較，但放下比較可不是空。所以，我們不要有一種所謂智和愚的說法，認為有的人蠢得很、有的人聰明得很，不要這樣。事實上所謂蠢的人一旦破迷開悟，立刻就是大智慧者；而智慧的人，一旦又被外境和內境所迷，立刻就會變成蠢的人。

　　【吾今為說摩訶般若波羅蜜法，使汝等各得智慧。】
《六祖壇經》講的是禪，禪就是開智慧的法門。開的又是什麼樣的智慧？開的是摩訶般若波羅蜜，摩訶是廣大；般若是

智慧，般若是出世間，不局限於現實，不局限於世間；波羅蜜，即是到彼岸，亦即是回家。彼岸又是哪裏？彼岸就是我們超越、昇華、圓滿之所在。「使汝等各得智慧」，即是說按照我傳遞的法修習，你們每一個人都會得到大智慧。

所以接著講【志心諦聽，吾為汝說】，志是專，志心指專心、認真的，即把心收回來。有的人看似在聽課，人在可是心沒在，肉身在這兒坐著，心不定跑到哪裏去了。我們的心是最難安住的。很多同學看完書、聽完課後，或者聽完講經說法之後，回想自己其實根本就沒聽見兩句。而心為什麼會向外跑，為什麼安不下來？有幾種情況。一種情況就是不想聽，就是跟我們的知見、認同的東西衝突，感覺太顛覆，接受不了，心裏沒有做好接受的準備，此時我們的心自然就飛出去了。老師馬上要講到你不想聽的一段的時候，你立馬就睡著了，或者心就飛走了，根本聽不見。如果要講的一段是你想聽的，跟你的所知、你所認同的比較符合，那麼你就會睜大眼睛，聽得會非常歡喜。所以，聽經聽法就經常有這個問題，有的人直接就睡著了，而且是秒睡，前一分鐘眼睛還睜得大大的、特別歡喜，後一分鐘突然就睡著了。

其實就在老師要講那一段之前，你的心已經知道老師

要講什麼了，所以提前睡著了，這就是一種屏蔽。那麼我們應該如何聽經呢？就是要用心來聽經。經不同於世俗的知識類的東西。怎麼能夠用心聽經呢？我歡喜的、喜歡聽的部分，我認真去聽、歡喜的去聽；那麼，我聽著要睡著的，或者思維要跑出去的部分，我努力拉回來，拉回來是一種對抗，對抗什麼？就是對抗我原有的知見、原有的所知障，原有的我認同又放不下的東西，我要堅定的拉回來。這樣堅定的硬往裏聽，這種聽法就叫諦聽，諦聽是真聽。

聽的不是感覺歡欣雀躍的部分，因為那部分你已經認同了，其實你沒有必要再聽了。但是人就是這樣，越認同什麼就越希望強化什麼，越希望得到老師的認可。自己認同的東西，希望得到佛的認可，希望得到六祖惠能的認可，所以越聽越歡喜。但是，自己不認同的、不想改變的東西，就不想聽到。這就是我們作為凡人，常有的一種模式，也就叫做凡人的模式。

聽經聽法每次都是聽到自己想聽的東西，但如果每次都是這樣，屏蔽不想聽的，只聽想聽的東西，那每次都沒有收穫，也不會有任何收穫。如此聽經就等於沒聽一樣。聽經聽法，和聽現實中所謂的知識是不一樣的，現實中去學技能、學知識不存在這個問題，沒有想或者不想的區別，

知識類的東西和你的所知障、你的觀念知見，是沒有衝突的。既然聽經聽法和現實中學習知識不同，我們應該如何聽？六祖惠能在開講智慧之前，就為我們說了這四個字「志心諦聽」，要用心去聽，要真聽，要聽真東西。

什麼叫做要聽真東西？自己越是要屏蔽的東西，越要聽，這樣就叫做志心。把心專下來，用真心來聽，這就叫做志心諦聽。所以，我們要和自己的睏倦抗爭，要和自己的思緒紛飛、雜念叢生去抗爭。越是睏的時候，越是思緒紛飛的時候，就說明越是在抵觸、排斥、屏蔽，反而就是這一段睏倦、睜不開眼睛的時候，寧可頭懸樑錐刺股，也得努力，也得用心，和自己的睏抗爭！否則這一次經聽了也是白聽。你只是聽到你喜歡聽的，一點意義都沒有，只不過是會片面的強化你的模式，強化你所認同的東西，就不是聽經的意義了。所以「吾為汝說」指的是，你們只有是這種狀態，我才能給你們講真理、說真法，否則大家全都在屏蔽，還有什麼可講的，那就不給你們講經說法了。

第二節

口念即是外求回頭家在背後
遇明師知教畏真功夫顛倒顛

【善知識，世人終日口念般若，不識自性般若，猶如
說食不飽。口但說空，萬劫不得見性，終無有益。】

現在正式開始講般若品這一品。「善知識」，還是對
大家的尊稱。「世人終日口念般若」，我們天天在念經、
念咒、念佛，這就是口念。念字是上面一個今，下面一個
心。說念而不是說讀，因為讀有個言字旁，而念字並沒有
口字旁。念是用心來讀，用心來感受。心中念不僅僅是念，
而是心行，心中在感受。那麼「口念般若」即是用口來念
般若，而不是真正的念，一個是口，一個是心。我們世人
亦即是凡人、俗人，「終日」即每天好像都在勤奮的修法、
勤奮的心向菩提，看似每天都在勤奮的聽經、念經、念佛、
念咒，其實都是用嘴在念，而不是用心在念。

如何用心去念般若智慧呢？如果是這樣說「我要有智
慧，我要有智慧，我要有佛的大智慧」，就叫做口念。認
為我念阿彌陀佛、念觀世音菩薩，我就能有智慧，這是錯
知錯見。念佛成不了佛，天天用嘴去念佛，永遠都成不了

佛。佛不在外面，不在嘴上，也不是懂了佛理就能成佛。正所謂「不識自性般若，猶如說食不飽。」佛在哪裏？觀世音菩薩在哪裏？圓滿的自我在哪裏？不是嘴上如何念，即使經書倒背如流，距離成佛、成菩薩還是相去甚遠，完全是兩回事，說不定還會越來越遠。

佛究竟在哪裏，觀世音菩薩又在哪裏呢？其實，佛就是自我，就是我做的，觀世音菩薩也是我修練成的，也是我做的。口念阿彌陀佛，心卻不行，那樣阿彌陀佛永遠都不會來。因為外面根本就沒有一個阿彌陀佛，外面也根本沒有一個觀世音菩薩，外面都沒有。如果你覺得外面有，那就是在向外去求。所有的正道修法都是不假外求，向外求永遠都找不到。

我們現實中世俗的人，好像都在找家，都在尋找回家的路。我們為了找到家，走遍了世界。比如背包客，全世界各地遊走，背著一個包，到世界各地去尋找他心中的美景，或者去尋找他心中的人，或者去尋找他心中的其他什麼。在此告訴各位，全世界所有的背包客其實都在找家。不僅背包客這類人是在找家，還有很多四處學習的人，甚至天天就以學習為生了，天天在外面尋找大師，求佛拜神，尋遍各大寺廟、各個學堂，尋找各種教授、各種有智慧的

人，這些人是去找什麼？其實都在找一個家，都在找一條回家的路，我們每一個人心中都有一個完美的家。

然而，這種不斷的向外求的人，這些背包客，包括不斷向外去求仙拜佛、去拜大師，到各個寺廟去趕廟，這種人都屬於心有缺失的人。內心有缺失才會向外去求，內心中的父母不完美，內心中的家不完整，那麼就會有一種衝動，就要去尋找那個完美的父母、完美的家。狂熱的宗教徒，諸如信觀音、信佛、信基督、信上帝的宗教徒，無論信什麼，所有狂熱的宗教徒都有一個共性，而且這是西方心理學研究的結果，都有個共性就是內心中都有缺失的父母，他們都在向外去尋求、尋找那個心中完美的父母，而佛菩薩、上帝、聖母、耶穌，本就都是完美父母的象徵。其實，他們不外乎是在尋找一個像佛菩薩、像上帝、耶穌、聖母，那樣一個心中的完美的父母。

那麼為什麼要向外去尋找呢？因為在他們心中的父母是不完美的、是有缺失的、是沒有力量的、是無力的，不可以依託、依靠。所有這些狂熱宗教徒的共性，就是不安全感、沒有歸屬感，然後才會向外去尋覓。

禪，禪宗的智慧，即六祖惠能告訴我們，不要口念般若，向外尋智慧，在外面求得智慧，那樣即使天天念，拜

無數的上師也沒有意義。再去拜上帝也沒有意義，其實外面哪有上帝啊？外面哪有耶穌啊？真正的耶穌，如果是正道的耶穌，一定會告訴我們：上帝就在你們心中，上帝就在你的自性中，上帝就是你；你以為是誰創造了這個宇宙？是誰創造的人、動物、植物，各種生物啊？

現在的量子力學、量子物理學已經把這些揭示出來了。但是，現在依然還有太多的人執迷不悟，還在向外去求觀世音菩薩，向外去求阿彌陀佛，向外去求上帝。外面哪有啊？宇宙都是我造的，都是我的心造的，到哪裏去尋找外面的上帝呢？外面沒有一個上帝。如果這樣不斷的向外去求，只能離家越來越遠，離我們的父母，離我們的歸宿，離我們的安全感越來越遠。越向外求，離家越遠，走出去的就越遠。

《六祖壇經》般若品，直接就給我們點出「口念般若」，口念即是外求而不心行，不知道自性般若，不識何謂自性般若。真正的大智慧就在自性中，就在我這兒。我可以向外去求，當我是迷的狀態時，我就要去找大善知識。「須假大善知識示導見性」，就是我必須得去尋找明師，明師會引導我們找到回家的路。為何要明師引導我呢？因為我現在已經離開了家，離家甚遠，找不到回家的路，已

經迷失在紅塵當中、現實世界當中了，多少生多少世、生生世世都迷在紅塵中了，我要去尋找我的家。那我首先要找到明師，即是大善知識，只有他能引領我走到回家的路上。

所以，我們前面講過，修法首先注重的是一個緣字，有了緣以後，就是信，再就是願，然後是行。緣、信、願、行，這四個字，是修菩提、找般若、尋自性，所不可或缺的。

當你找到了大善知識，也就是明師之後，明師會怎樣待你呢？你要回家，其實你離家並不遠，不管你走了多少生多少世，向外去求了多少生多少世，你離家也並不遠，大善知識只是引領你回頭，你只要一回頭，真正的家就如影隨形的跟在你背後。其實你從來就沒離開過家，只是你以為自己離開了家，自己離家越來越遠。那是因為你的方向是錯的，你一味的向外去求，所以帶給你的感受就是離家越來越遠。家在哪裏？家永遠都沒離開過你，家就在你的身後，就在你看不見的地方。

其實，現在你的眼睛只是盯著你認為對的路往前走，就認為家應該在這個方向，你就往這個方向拼命的跑、拼命的走，就像在夢中一樣，你認為那才是家，才是安全的地方。你以為前面是光，結果跑到以後發現更黑；你又看

到了光，又向著光跑去，結果一開始跑，光又沒了。你就這樣不斷的追尋著內心中所謂的光，以為那就是家，你嘴上不斷在念著「我要回家，我要回家，我要光明，我要光明」，好像奔著光明去了，其實都是假的、都是幻影。

有的同學聽到這一段的時候，就開始瞌睡，開始睜不開眼睛了，其實就是不願意聽。天天念叨著要回家，天天念叨著要圓滿，天天念叨著要修行，但是真正告訴你如何修行的時候，你又不想聽，又在屏蔽，這就是凡人，就是世俗的人，就是脫離不了紅塵的五欲六塵，脫離不了自己的根深六識。你真的想回家嗎？如果真的想回家的話，回頭就是家。然而有幾個人想回頭呢？沒有人想回頭。所以，聽到真正關鍵的時候就睡著了，或者就有事走了，就不想聽了，思緒就跑了。

其實，整部《六祖壇經》六祖惠能並沒有講述太多東西，就那麼簡單，但是卻不斷的反反覆覆強調。因為你就是那剛強眾生，沒辦法只能反覆強調，你坐在這裏聽聖人講法，卻還是想著自己才是聖人，認為你自己知道回家的路，這麼走就一定是對的，天天空心靜坐，認為這麼打坐一定是對的。你來聽經，不是為了改變，而是為了更加強化自己覺得對的東西。你認為不對的那些，只要你認為不

是那麼回事，即使聖人在你耳邊喊，你都聽不見。你只能聽見強化自己的那一部分，讚揚和鼓勵自己的那一部分。

現實中你為什麼是凡人，為什麼做事十之八九都不順心如意？你認為對，認為自己什麼都對。如果你都對的話，那你還需要來聽經聽法嗎？你現在不就已經是聖人了嗎？你在世間一切都應該圓滿了，為什麼依然還有那麼多的缺失？不要說昇華，不要說「超出三界外，不在五行中」，現實中其實你什麼都看不透，天天就按照你自己認為對的路去走，天天就與你認同的人交往，遠離那些你看不上的人，天天都做著你認為對的事，卻不知為何你現在還是如此失敗？

你來這裏聽經聽法，不是來強化你所認同的東西的。你到這裏來是來改變的，是要徹底改變的。首先，要放下那些你所謂認同的東西。天天口念般若，你心在行嗎？天天都在向外去求、去找，去找那個家，去尋求圓滿，你找了這麼多年，找了這麼多生、這麼多世了，你找到了嗎？為什麼找不到？因為你的路是錯的。你心中無敬畏，天天想著去尋找圓滿的結果，但是起步都不願意起。

一再強調，在世間要想修行、要想入菩提，必須得先找明師、求明師。沒有明師怎麼辦？增加自己的福緣，增

加自己的福慧，必須得是福慧雙全的人，才有可能在世間遇到明師指路示導。同時你還要知道敬畏，遇到明師之後，要抓住機會跟上明師，要不斷的強化改變自己，要與自己的惰性、自己所謂的睏、自己所謂的無奈、痛苦去做鬥爭，如此你才真的有可能回頭，有可能昇華。否則，你天天都在不斷的惰性中，即使遇到了明師也沒有意義、沒有用。只有信根還不行，還得有進根、還得五根俱全，即五善根「信、進、念、定、慧」都得足，才能稱為福慧具足，你才是上上根。

沒有進根也不行，不精進是不可以的。如何才能精進？你以前的生生世世，就在你的軌跡裏不斷的打轉、打轉，你的軌跡越滑越深……越滑越深，你仍然天天都在強化你所謂的軌跡，然而你那條軌跡根本就不是回家的路，就是一條世俗的、越來越通向深淵的路，但是你還在不斷的強化。你要自己打破這個軌跡！即使你遇到明師，明師也僅僅是指點你，只會給你指條路。明師絕不會把你從固有軌跡裏拔出來，再把你放到新軌跡上，那樣做的絕不是明師。

路一定是你自己走，以前的軌跡必須是你自己去突破。那可不是一個簡單的過程，你必是要五根俱全、福慧

具足，非常不簡單。你還得刻苦，也得精進，要不斷的強化自己放下以前你認為對的東西，要拿起那些你認為不對的東西，你才能從你的固有軌跡中跳脫出來，才能建立一套圓滿的、正向的軌跡。以前認為不對的東西，拿起來！同時，不要再繼續強化以前你認為對的東西。以前如果你真是對的，那你現在一定是圓滿的，為什麼現實中你還有這麼多的缺失、這麼多的漏，十之八九不如意呢？為何你處處都是煩惱呢？不就證明你以前認為對的，其實根本就不對嘛。

何謂修行？順則成人，逆則成仙。要修真功夫，學會顛倒顛。何為顛倒顛？就是顛倒過來！為什麼世間99.999%的都是凡人？為什麼聖人只有那千萬分之一、上億分之一？然而，所有的凡人，都覺得自己是聖人，都覺得自己是對的，都覺著自己只是有一點缺失，只要把那一點缺失彌補上，就成為聖人了，都不想徹底的改變自己。沒有任何一個凡人想要徹底的改變自己，沒有任何一個凡人會想，自己認為對的，其實應該顛倒過來。所以，你就是那芸芸眾生中的一份子，就是那99.999%的凡人。

聖人與凡人一切都是顛倒顛，好好的領悟這句話。凡人都是口念般若，天天去學知識、學智慧，不斷的拜這個

師、拜那個師，跟這個學、跟那個學，學到後面、拜師多了，就覺得自己已經修成了，而後狂妄自大，自詡為師，就開始誤人子弟、害人害己，這樣的人就是在種下地獄的種子。

第三節

正道唯一修行腳踏實地
得道明師一點通天徹地

既然說到，天天口念般若心不行，口念般若不向自心去求，不向自性去求，那怎麼向自心去求？又如何向自性去求呢？不遇明師，你當然不知道向自心、自性求的方法了，明師教你的就是這個方法，讓你閉上那雙向外看的眼睛，那是肉眼，叫做肉眼凡胎。肉眼閉上了，再教你怎麼打開天眼。天眼不是向外看的眼，天眼可不是把別人看透明，天眼是向內看的眼。閉上向外看的肉眼凡胎，打開向內看的天眼，你就能找到自性般若。

所有的智慧一定要向心內去找，絕不會向外去求，向外求的必是歪理邪說，必是邪門外道。何謂外道？何謂邪門？正門只有一座，邪門千千萬萬。只有一座正門，即是通向心內之門。正道只有一條，通向心內的道路就是正道，其他所有的都是外道。所以正門、正道都是唯一，所有向外的全都是邪門外道，六祖惠能告訴我們的就這個意思。

「世人終日口念般若，不識自性般若，猶如說食不飽。」只是天天說要吃麵包，那就飽了嗎？想要麵包、尋

81

求麵包，那得到生產麵包的地方去找，你還能到哪裏去找？到空中去找，到河裏去找，到山上去找，那就是外道。「說食不飽」就這個意思，不能搞那些虛的、假的，實實在在的要麵包，就真的要拿到麵包，真的把麵包吃進去。

是否找到了正道，那叫「如人飲水，冷暖自知」。你現在之所以還是迷茫的，之所以還沒有方向，是你一定還沒遇到明師。當你真正遇到明師了，明師一點，你立刻就知道方向在哪裏了。你現在的那個師父是怎麼點的，怎麼跟你說你都不懂，那不是你的問題，首先是師父的問題。他到底是明師還是邪師？

一定是師父把你領進門，然後修行才在你個人。師父得教你方法，得告訴你回家的路，得把你領到回家的那條路上，然後教給你前行的方法，後面就你自己走了。後面怎麼走那就是你修行的過程。如果你都已經拜師十年了，還覺得渾渾噩噩，找不著路，那首先得看這個師父是否是明師。看看你的同學、同修當中，有沒有人真正找到回家的路了？

其實，要想判別明師很簡單，有幾個方向。第一個方向，先判斷正邪，所有帶你外求的，帶你拜佛、拜活佛、拜菩薩、拜上帝，包括拜師父本人，只要帶你向外求而不

是找自性，不是反觀自我的，一定是邪師，這是先分正邪。第二個方向，再看師父有沒有傳承，不要聽他本人怎麼說，他說自己是多少代宗師多少代傳人，首先要看他是否通道、是否入道、是否得道了。道是什麼？一陰一陽之謂道。陰陽要想清楚，天地必須明白，也就是師父是否通天通地。

那麼天是什麼，地是什麼？如果你的師父告訴你，天就是大自然的規律，天就是宇宙運行的規則規律，天就是頭頂有上蒼，天就是上帝、就是玉皇大帝、就是神仙；地就是包容萬物，就是厚德載物，就是我們的心胸如大地，這麼說的師父全都是胡扯，就是假師、邪師，不通道、沒得道。天地都不分，陰陽一定也分不出來。所以，無論儒釋道，一定得先分天地，我們為什麼修行，就是要找這個天。

其實師父一句話就能告訴你，一入師門馬上就應該告訴你天是什麼，你也馬上就能知道、理解，甚至師父帶你去體驗，帶你上天，帶你入地，你就會感受到何為天地。天地明白了，你才真的可以說入門入道。天地不通，就什麼也不是，也別講得天花亂墜，什麼宇宙運行的規律，別扯那些沒用的。真正有傳承的，真正傳承老祖宗大智慧的，不管你是哪門哪派，一定都是從天地入手。看你的師父通

不通天地，懂不懂天地。別天天只會給你講經說法，講經說法人人都會，說自己有神通，個個都能。但是驗證不了，所以搞一些魔術、障眼法，或者一些西方的心理學、催眠術，那些東西都很容易，所謂的那些時靈時不靈、唬人的東西有很多。但是如果天地都不通，這些所謂的唬人神通根本就沒意義，後面你根本就學不下去。

天地是入道之根本，想學好儒學，孔子在《周易‧繫辭傳》裏，開篇第一句就是「天尊地卑，乾坤定矣」。乾坤即陰陽，識天地才能知乾坤。乾坤定矣，才說明你要學的東西有根基，天地即是根基。天地分清了，乾坤就定了；乾坤定了，陰陽的轉化規律就出來了。陰陽、乾坤的根基是天地。

我們的華夏文明出自哪兒？始創於伏羲。而伏羲又是怎麼創華夏文明呢？孔子對伏羲始創華夏文明有非常經典的一段話：

「古者包犧氏之王天下也，仰則觀象於天，俯則觀法於地，觀鳥獸之文與地之宜，近取諸身，遠取諸物，於是始作八卦。以通神明之德，以類萬物之情。」

「古者包犧氏」，即是伏羲。「王天下」就是統領、統治天下，天下可不僅僅是指人，而是包括人事物、動物、

植物、萬事萬物，天下是指整個宇宙的萬事萬物。「仰則觀象於天，俯則觀法於地」，一開始也是天地。伏羲分開了天地，後面才是「觀鳥獸之文與地之宜，近取諸身，遠取諸物，於是始作八卦。以通神明之德，以類萬物之情」。就這一段話，既是華夏文明的起源，不論佛、道、儒、醫、墨、法、兵、鬼谷玄學，全都是從這兒來的。天地不分，華夏的文明之門就沒有入。

所以鑒定明師，其實就是兩點。第一，是否是正師，向內求、向內觀，還是向外求。天天把自己當活佛的，凡是稱自己為活佛的，沒有一個是真的活佛。真正得道的人，絕不可能稱自己是佛。所有稱自己是菩薩、活佛轉世的，都是胡說八道，他根本就不明白理。你信他了，就被騙了，他是讓你崇拜他，而不會帶領你找回自己，因為他認為自己是佛。你問問那個轉世的活佛：「你是佛，那我是什麼呢？」聽他怎麼回答。如果他說你也是佛，那為什麼要拜他呢？大家都是佛，為什麼還要拜他，你可以扭頭就走。如果他說他是佛，你不是佛，讓你跟他學佛，你就回他一句：「你不是佛，你是魔！」然後還是扭頭就走，所有自詡為佛的絕不是佛。

第一是判斷正邪，第二個是否得道，即是有沒有真正

的傳承、得沒得道，那就是從天地去鑒別。天地明了，天眼不就知道了嗎？天眼是什麼功能，天眼怎麼打開，天眼如何啟動，師父肯定就知道；天地不明，那他什麼也不會知道。天眼，是不是在天上看的眼睛？天都不知道是哪兒，地都不知道是哪兒，天眼怎麼開？天眼不開即見不到真相。

　　所有修行是什麼？我們被現實所迷，但是我知道現實是假、現實是虛、現實是妄，那我在哪兒看到真相呢？哪兒才是真呢？我睜著一雙肉眼凡胎，能看見真相嗎？必須打開天眼，我才能看到真。不要以為天眼是迷信，天眼才不是迷信，對於懂的人不僅不是迷信，而且是最科學、最客觀的。明師一點，懂的人就能打開天眼，就能看到萬事萬物的本質，就能看到那個真；不懂的人天天睜著雙肉眼，就算在現實中看經典也看不懂。天眼不開，經典你也看不懂，你還是迷在現實之中。所以「口但說空」，別扯那些沒用的，修行就是腳踏實地，一步一個腳印。

　　你入沒入正道，拜沒拜到明師，其實還有方法可以很簡單的判斷，第一品中已經講過，你就跟這個師父學一個月，一個月後「山醫命相卜」你是否入門了，是否能掌握？山，那是玄術，一定是以開天眼為基礎，看到事物的本質，其實一個月都用不上，真正的明師一指點，一個星期你就

能具備山醫命相卜的功力,而且你一定知道自己入門了,開天眼了,看事物能看到本質了。醫,學一個月,如果你還任何病都不會治,你還在吃著藥、打著針,有病就去醫院,家人有病也去醫院,那你根本就沒學明白,或者你根本就沒遇到明師。命,能看到並且改變別人的命運。相,風水學、風水術,相由心生、亦由心轉,你就明白了,甚至能做、能改變了。卜,即占卜,占卜任何事物的發展規律。

當理真通了,再教你簡單的術,就直接可以用了,這就是正道。真正有傳承的、正道的東西,都是老祖宗的大智慧,不要小瞧我們中華老祖宗。之前你碰到的都是邪門歪道,都是假的,你怎麼也學不會,學幾十年還是時靈時不靈;當你碰到真東西了,真正碰到明師,真正體會到我們老祖宗大智慧了,你就去感受吧。山醫命相卜,就是最簡單的驗證。

第四節
出世愚智世間智愚
告別優秀大言希聲

　　你跟師父學了一個月，還什麼都不會，還在懵著，不是你資質愚鈍，告訴各位，明師面前沒有誰是聰明的、誰是愚鈍的。知道明師怕的是什麼樣的徒弟嗎？明師怕的是聰明徒弟。我教了這麼多弟子，真正怕的就是在世間很優秀、特聰明的，這樣的人知見深到什麼程度？基本上打不破。他到我這兒來，不是來徹底改變自己的，而是來錦上添花的。他已經有滿滿的一杯水了，再加還能加進去嗎？反而那種白丁，來了以後說自己不行，說自己在現實中蠢得很，也不會分析，也不會決策、決斷，其實這樣的人學得很快。為什麼？暗合心法。現在所謂的優秀者、聰明的人，其實都是西方邏輯思維教育下的佼佼者，而不是在道這一方面的佼佼者。真正內心淳樸、質樸，沒有那麼多的知見的人，學道才快。所以這跟世俗正好相反，世間的智就是出世間的愚，世間的愚就是出世間的智。

　　所以我其實很喜歡那種看似世間很愚的人，不是癡的人，是愚的人、很愚鈍的人。半天說不出句話來，跟他說

事情他也沒啥意見，沒那麼聰明，也沒那麼煩，也沒那麼多想法。想法越多的人越可怕，基本上教不會。教的那點東西就變成他的了，而他根本不知道教他的是什麼，就完全按照他自己的想法去了，拉都拉不回來。越是聰明的人，越是優秀的人，教起來越累。所以說世間和出世間，我們學的是出世間的東西。而世間的聰明和出世間的智慧，完全是兩回事。

世間越聰明，出世間就越愚鈍；世間越愚鈍，出世間就越聰明。那上上根呢？上上根可不是世間的聰明人，六祖惠能連字都不識，而神秀又是什麼家境？五祖弘忍一千多弟子，後來說他一生一萬多弟子，六祖惠能是家境最不好的、最沒有文化的一個，但成就最大的是不是就是惠能啊？神秀家境好，而越是家境好的、越是聰明的、越是學歷高的、越是在現實中飛黃騰達的，真正要學道、修道、得道，那更得下苦功夫，也更痛苦。就像二祖慧可，斷臂求法，因為他太聰明、太優秀了，那意思是什麼？是和過去徹底告別。

和過去的優秀徹底告別容易嗎？太難了！每個人都想保存著自己的優秀，保持自己的優秀，然後師父給他錦上添花，每一個人都想這樣。所以這就是世間優秀的人的最

大障礙，他放不下。他還是那一整套思維方式，別人剛說個事情，他馬上就先出來了一百個方案，別人一個都想不出來，他頃刻就出來一百個。然而，一百個方案又有何用，都是世間的分析、邏輯、判斷，他怎麼能不失敗？也許會一時成功，但是最終失敗得更慘。是不是這個道理？什麼叫做智？世間的智即是出世間的愚，世間的愚即是出世間的智。

空白一片、愚鈍，是張白紙，也沒有知見，更沒有那麼多的所知障，這樣的人有福。福慧具足的人，表現絕不是聰明伶俐。福慧具足、五根純熟的上上根，他的表現必是大智若愚、大巧若拙、大言希聲。真正會說話的人，話少得很，不會輕易發言，不會跟人家搶話，大言希聲。

只有聰明人才會覺得腦袋比別人轉得快，別人沒反應過來，他就把答案說出來了，這才是真蠢。聖人告訴我們，我們現實中的狀態，口念般若是假般若，天天說我比別人聰明，那是假聰明，離道甚遠。那些所謂優秀的、學歷高的、所謂聰明的看到這一段，可能心裏不服，但是要想求正道，真的要放下所謂世俗的聰明。我在此告訴大家，你那個聰明就是六祖惠能說的口念心不行，全都在嘴上了，都在表面上發出去了。最重要的是心行，心行絕不是表現

在表面上，而是要向自己的本性去看。

真正掌握了大智慧的人，就像我說的那種狀態，表面一定是很憨厚、很愚鈍。像猴一樣奸的，那都是小聰明、小精明，在世間好像他在算計別人，其實都是被別人算計。真正的大聰明、大智慧一定是愚。你如果現在聰明伶俐、四處嶄露頭角，看到這段內容後，記住從現在開始練吧，練你那張憨厚的臉。相由心生，臉不是假的，我內心奸詐，表面又能很憨厚，那得練到什麼程度，那基本就接近圓滿了。你先從內心來練，別那麼多小聰明，什麼時候把面相練得很憨厚了，你就成功一半了。

因為你特別憨厚，世俗中就成功一半，沒人防你；然後你內心又能接納一切善與惡，一切善人與惡人，不取不捨，亦不染著，都能接納，自然就沒有比較、沒有評判。先從人上去練，先從人中去練，對人沒有評判、沒有比較。練的就是一顆包容心、接納心，而不是忍著，不是說我看他壞、討厭他，我噁心還得包容，必須得包容。這就不是修練，這就是憨著忍著，後面會出問題的。如果這樣的話，你就會越看別人越不順眼，你越想包容別人，就越包容不了，看不上的人會越來越多。這就是理，你都得學，要真的包容，真的接納。你得知道在別人身上看到的是什麼，

你才會真接納、真包容。

所以，真正在世俗中的大聰明、大智慧，都是大智者若愚，大巧者若拙。真正大的能工巧匠，一定是看著笨笨的，凡是手腳特別伶俐，腿特別快的，一定達不到至境，就算做工匠都達不到高的境界，也就是中下境界。世間的人就是這樣，走過來一看精明強幹、稜角分明，一看就覺得厲害得很，鋒芒畢露，這樣就是個中下根，絕不可能是上根，記住這一點。

大言希聲，貴人語話遲。真正有份量的人、有價值的人，話少，話很少。就大言希聲這一點，多少人都練不了，再跟他講都沒用，對著耳朵喊，少說兩句、少說多聽，沒有用，他控制不了，模式改不了，只要有很少幾個人，他就開始說。如果連嘴都控制不了，還談什麼修行啊！何謂口念般若呀？真正的修行，開始起修，先靜默。為什麼要先止語啊？我們去很多禪修道場，一開始直接先止語，就這張嘴都閉不上，即心在向外，心是浮躁的、焦慮的，必須得說出來，不說就會憋死，就受不了！真正的修行一定是先從嘴上修，嘴閉不住，無法入心。

真正的修行不是嘴上天天念阿彌陀佛、念大悲咒，那不叫修。閉上嘴，咒聲就入心了，佛聲就入心了，佛號就

入心了。閉不上這張嘴，永遠都修不了。看似好像開始比別人修得快，到後面就沒法修了。聰明的人和笨的人，一個老師同時教，起跑一定是世間聰明的人跑得快，拔腿就跑了，愚的、笨的一定走得慢，一步一步的走得很慢。快的是兔子，慢的是烏龜，但是修行是生生世世的事，可不只是這一生的事，講究的是個長勁兒，講究的是堅韌不拔，前面跑得快沒用。

這是聰明人的模式，比別人聰明一點兒，一開始就跑到前頭去了。但是如果跑一輩子，即使前面幾步你領先了，你能永遠領先嗎？這邊人家起步慢一點，一步步的走，同時走得慢是不是也在打基礎？你以為你理解得快、跑得快，但這樣你的基礎打得就不牢。老師講的什麼你還沒等理解就跑了，你自己覺得你理解、你是聰明人老師一點就透，立刻就往前跑，你真的聽懂了嗎？真的被點透了嗎？你那叫自作聰明，現實中所有的聰明都是自作聰明。

真聰明的人，一定是穩得住的人，真聰明的人一定像大象、像獅子、像老虎。大象怎麼走路？是不是一步一個腳印穩穩的往前走。獅子怎麼走路？一步一步穩穩的，真的看到目標以後，蓄力、蓄力，蓄足了力以後，轟的一下衝出去。老虎怎麼走路？緩慢的又沉又穩。而老虎和貓有

什麼不同？貓怎麼走路？又輕又浮，是不是踮著爪，上躥下跳。老鼠怎麼走路？松鼠怎麼走路？羊怎麼走路？是不是全都飄著。世間的聰明人就是這樣，浮著、飄著，看似快，但一開始就不入心，就是口念般若，不會觀心。基礎沒打好，走到一定程度的時候，發現根基不穩，就得停下，就走不下去了。

六祖惠能告訴我們，其實自性般若才是真。那如何能知道自性般若呢？老師一說自性般若不向外求，不要口念般若，一定要自性般若。聰明人噌的一下就衝出去找自性般若了，而蠢的人、笨的人是不是就在那兒想啊想啊，自性般若到底是什麼呢？他得想明白才能起步吧。聰明人自以為想明白了，衝出去四處去找自性般若去了。其實自性般若在哪裏啊？需要跑到外面去找嗎？

聰明人那邊已經跑出三里地了，蠢的人這邊一步都沒邁，想啊想啊，天天跟老師聊、問，到底什麼才是自性般若，到底是怎麼回事呢？

「不行啊老師，我笨！我怎麼找自性般若呢，我透過什麼方式找啊？」蠢人一步都沒邁。

最後終於弄明白了，原來自性般若是不向外求，原來就在這兒就能找到。

「行了！在這兒就能找到。老師，我找著了！」

此時，聰明人已經跑出去五百里了。

所以真正的明師教徒弟，一定注意，不需要世間的所謂的聰明人，不需要他起步多快。我是真的喜歡那種看似挺蠢，但是人家有大智慧，自己都不知道。

對他說：「你是大智慧啊！」

他回答：「不可能，小時候我媽就說我蠢。」

但是，其實這就是大智慧。不知道自己是大智慧的，很可能真的是大智慧。

現實中難道不是這樣嗎？越覺得自己聰明的，必是真蠢、真笨，必是小聰明、小精明。他總比別人快，但在世俗當中都得不著好。但是看看現實中做大買賣的，真正那些做大生意的大企業家，以及那些真正當大官的，是不是都是像剛剛說的，是那種大智者若愚、大巧者若拙、大言者希聲的狀態？而商場當中被淘汰出去的，那些曾經輝煌又跌落下去的，其實都是那些所謂的聰明人，都是那些所謂的優秀者。

所以，在此講這一句話用的篇幅比較多，因為我要提點那些現實中的聰明人，真正的修行不需要你跑得快，不需

要你領悟得高，也不需要你領悟得深，你那個深不能稱之為深。真正的修行必是得靜下來、定下來，不可以往外跑。

現實中聰明人的模式都是師父剛一點，就立刻回應一句「師父領進門，修行在個人」，馬上就跑出去了。

邊跑邊說：「師父都已經領進來了，快跑啊！」回頭一看，自己都跑三里地了，那個蠢人還在原地站著呢，「真笨啊，蠢死了！」

一溜煙跑了五千里，回頭喊：「師父，你看我修得好不好啊？我屬不屬害！」

師父理都不理你，心說：「修吧，自己悟吧。」

但是人家蠢的、笨的，天天在這兒陪著師父。因為他沒聽明白，不會走。

這種修行的東西你能一下聽明白嗎？你覺得能理解，其實所有說能理解的一定是偏執的，越說理解了，自己懂了，別人沒懂，這是真正最蠢的。師父就在那兒看著呢。

就看誰說：「你看，他們對法的理解，什麼也不是。這都不明白，這又理解錯了，那也理解錯了……」你指誰師父反而在看誰。

哪個師父不是明眼人，其實心裏都在歎息。

反而那種蠢蠢的、笨笨的，「哎呀，別人修得都比我好，我咋就不明白？」

其實這樣的人，師父最關注。

放下你的小聰明，放下你所謂的優秀，放下！要靜下來、定得住，所有東西都不是向外求。記住，向外求跑得快，這就叫口念般若。口念是什麼意思？在師父這兒得了幾句話，就出去講課了。

就能給別人講，「智慧是什麼，我是怎麼修的，師父點化我了。」

人家問：「你跟師父多長時間了？」

回答說：「我跟了師父三小時，我就已經知道智慧是什麼了，師父點我了，我現在教你們……」

這就叫聰明人，這就叫聰明，他以為聽懂了什麼是智慧。然而，智慧是能聽懂的嗎？智慧是流出來的。智慧是要練的，怎麼練？一定要定得住，才練得了。

所以各門各派最後都是一樣，起步早的、起步快的、一開始發展好的，都是聰明的世間優秀者，但是最後真正有大成的，一定是那個最憨厚的、最笨的。最後那些聰明的、曾經輝煌的，全都泯然了。好多人都放棄了修行，為

什麼？修了十幾年、二十幾年，知道了一大堆理，但是沒有改變自己，沒有改變就根本做不到心能轉物、心能轉境，最後還是心隨境轉。現實中不斷的有磨難來了，又看不透，最後那些聰明者就撤了，或者這山看著那山高，又往別的山去了。最後真正愚的、鈍的那一個，一步一步的往心裏修的那一個，真正改變了自己。這樣的人真正改變了以後，就不可能離開這個法門，後面會越修越深，最後所有的感悟都不是你分析、判斷、推理得來的，都不是你理解得來的，都是自己的東西。達到一定階段後，自心常生智慧，那個時候才是自己的東西自然流露。

所以六祖惠能告訴我們，起修處不在嘴上。所謂嘴不是僅僅代表嘴，還代表你的表現、表面，整個外在形式，不要在這上面修，不要在這個方向上往前跑。修行就是修一個穩，修一個愚。這裏說的是愚人和智人，其實在我們的理解中，愚人就是聰明人，就是現在世俗中的 99.999% 的聰明人和優秀者，而智人就是現實中的大智若愚者，看似愚實則是大智，而看似智的其實是大愚。所以，跟我們世俗凡人正好就是顛倒顛。要想修真功，一切顛倒顛。

我們在現實中也是，不論是我的同學、同修，還是同事，那些聰明伶俐的，你就不用去擔心了，反而那些愚笨

憨厚的，你好好留意去結交這樣的人，以後就會有大用，當下看不出什麼，都是聰明人得先機，聰明人佔便宜。但是慢慢看，是誰占了小便宜，最後吃大虧。天天吃小虧的那些人，看看最後會不會占大便宜。只需慢慢往後看，都不用說修行，只需現實中去看。所以，講了這麼多，「口但說空」就是指現實中的聰明。

第五節

不修嘴觀　無法觀心
話多口快　不得見性

「萬劫不得見性，終無有益。」口但說空的那些聰明人、優秀者，萬劫不得見性。你靜不下來、定不下來、沉不下來，你怎麼可能反觀自心而見性呢？你都是看別人，覺得這個人不行、那個人不行，這個人如何如何、那個人怎樣怎樣，你看過自己的心沒有？如果你能停下一秒鐘看看自己的心，是不是就看不見別人了？

真正的修行是什麼？閉上嘴。口但說空，天天都在表現自己很有智慧，這就是所謂口但說空，天天都表現自己比別人優秀。閉上你的嘴，這才是修行第一位，所有的修行都是從靜默開始起修。閉這張嘴可不容易，說習慣了，表現習慣了，要想閉上嘴，哪怕只有一天，也太不容易了。

然後你就認為，「那我硬閉，堅持硬閉。」

別人一看到你，「怎麼了，今天你心情不好啊？大家聊天你都不吱聲，怎麼不理大家呢？」

這樣硬閉，你能堅持幾天？

是不是這樣一個道理？但是無論如何，一定得從反觀自己的嘴開始，何謂反觀自己的嘴？嘴控制不住，不觀嘴，你一定無法觀心。真正要修行，先從自己觀，從自己的嘴觀，現階段你還觀不到心，就先做嘴觀。

　　就是要說什麼話時，馬上做嘴觀，「我應不應該說，可不可以說？我說了以後別人是什麼感受？」

　　我們很多迷人、凡人、俗人都是自己痛快，不管別人的感受。說一句話應不應該、恰不恰當，都不知道。

　　總認為，「我管你們呢，我願意說我就說，我任性，我就直心是道場。」你理解錯了，那個直心不叫直心，你那叫討厭，叫無禮。

　　首先要觀自己，要從嘴來觀自己，聽自己說什麼，先把嘴練成金口玉牙，說金口玉言，你這個人才重、才有價值、才有內涵。說話的時候，馬上就要張嘴的時候，自己先捂住嘴，修行先有這個動作——捂嘴。一定要先從這兒開始起修，不然如何觀心？

　　先觀嘴，我要說話的時候，先把嘴捂住，反觀自己，「我說的是廢話嗎？我為什麼要說這句話呢？我說出的話必有意義，否則我就不說。」

絕不說廢話，而且說話要看臉色，看看是不是別人想聽的。如果你不停的在說，別人都已經嗯、啊的在應付你了，你還不知道，那就是自己在不停的發洩、發洩，後面你再說話就沒人願意聽了，因為你說話沒有價值，最後就變成負面的、負價值。

　　你過來剛準備開口說話，大家一看見你紛紛說，「我忙」，「我走了」。為什麼？就是你一點一點的修成這樣的。所以，一定要從嘴觀開始修。

　　「口但說空，萬劫不得見性」，口但說空，說什麼空？六祖惠能在提醒我們什麼？是不是就讓我們治住這張嘴？空是什麼意思？說出的話都是金子，那就不叫空，就稱為智慧了。口說出來的都是般若、都是智慧，大家是不是都願意聽啊？其實以前你不會觀察自己，但是現在你一旦留意，就知道以前你說的話有沒有價值了。

　　比如，只要你坐在那裏，大家一點一點的全都聚過來了，這就說明平時你說的都是對人有益的話。反之，本來十幾個人在那兒，你往那兒一坐，一會兒一個人都沒了，發現大家都進屋了，你又跟進屋裏去了，你坐下不到五分鐘，人又都沒了。那麼你就知道你平時話太多，而且都是廢話，在耽誤別人的時間。所以必須得控制自己，控制自

己。記住這句話，「口但說空，萬劫不得見性」，嘴都觀不好，你一定無法觀心，無法見性。

「終無有益」，最後你一定得不到任何利益。先從嘴上的「口但說空」開始控制，沒用的話不說，沒有價值的話不說，說話的時候看別人臉色，說那些能吸引別人的話，又能夠達到我的目的，這樣的話我才說，沒有目的的話我也不說。

有人忍不住，說：「老師，那我教教別人吧，別人都不懂。」

為什麼教別人？如果你什麼目的都沒有，只是想教別人，那你是好為人師。別人願意聽嗎？你好為人師，誰想做學生呢？每個人是不是都想當老師啊？你好為人師，惹不惹人煩呢？你好像是在教別人，可是誰願意聽你教呢？要想聽你教，人家是不是早就來求了。甚至，求你也不能隨意教，是不是這個理？人家一求，你就全都講出來了，你所教的到底有沒有價值啊？你都講出來了，知不知道人家的感受？所有的東西到底是你教的，還是人家自己感悟的？教人也得有技巧，你的話也不能多，點到為止，最後讓人家自己去感受，他自己感悟出來的，那才是人家的真東西。是這樣一個道理吧。

六祖惠能一再告訴我們，口但說空、口念般若、口念心不行，不要這樣。控制好自己的嘴，嘴控制不好你觀不了心。控制好嘴，然後才是觀心。你要控制好自己的嘴，這是第一位；然後控制好自己的眼，這是第二位；然後控制好自己的耳，這是第三位。先控制好嘴，言為心聲，一張嘴，你內心所有的東西都出來了，你說得越多，內心呈現得就越多，你就越無法觀察別人。你要控制好嘴，才能睜得開你的眼，才能關注得了你的耳，你才會看別人、觀察別人、聽別人。

　　那麼繼續修眼和耳。先修眼，是指開始我能夠看見，但看見的是假相、表面，後面透過修這個眼，就能看到真相。再修耳，開始我是能夠聽見，聽見了但是其中都是假相，後面我再修耳通，就能聽到真相和本質。這是我們在修我們的六根，最後讓我們六根清淨。最難的就是意根、意識，第六根清淨了，那我也就清淨了，我自然就定下來了。

　　第一起修，一定要從嘴根修，即口根，不是舌頭，而是口，先從這兒開始修。嘴如果閉不上，你的眼睛就睜不開，你的耳朵就聽不見，你的鼻子就聞不著，你的舌頭就嘗不到，你的身體就感觸不到。為什麼？嘴不閉上，你天

天就知道發洩、表達自己，哪有時間用眼睛去看，哪有心思用耳朵去聽啊？你都靜不下來，怎麼可能用鼻子去嗅、用舌頭去嘗、用身體去碰觸呢？天天在那兒表達你自己，天天在那兒不斷的發洩，天天都在給別人做指導，你當下正坐在什麼地方？有什麼感受，你能感受到這種觸覺嗎？能感受到你看見的是什麼嗎？天天都在自己的情緒裏發洩，你能看見別人嗎？你會觀察嗎？你能聽見別人說什麼嗎？

所以，一切的修行，從控制嘴開始。這就是六祖惠能在這一部分不斷跟我們講，「世人終日口念般若，不識自性般若」，嘴閉不上，一定反觀不了自性；嘴閉不上，別談修行。如果你已經修行十年了，還在那兒搶話，還在不停的說，你十年跑了五千、五萬公里，人家那個不出聲的愚人，在這兒一步也沒跑。那麼，你繼續跑十萬公里、五十萬公里，你越跑越遠，就離道越來越遠。現在是否能理解？就像「說食不飽，口但說空，萬劫不得見性，終無有益」所說，到最後你這一輩子就是白修。

六祖惠能剛開始就告訴我們「志心諦聽，吾為汝說」，即我們怎麼能用心、專心的聽到真東西？如何能做到志心諦聽？六祖開始就先從口上講起，讓我們先學會靜默，別

思維那麼翻湧，好像聰明得很，瞬間一百個方案就出來了。

記住：閉上你的嘴！

有一句話對修行人就是這樣講：這張嘴就是臭嘴！張嘴就有味兒。

修行，最忌諱的就是這張嘴，張嘴即錯，話越多越臭。因此，在修行上講，就稱之為一張臭嘴。要學會靜默，要閉住嘴，從這兒開始起修。嘴是越張越臭，這個身體就越來越臭；嘴閉上了，然後才能有體香。好好感受，嘴不淨最臭。

嘴、眼、耳、鼻、舌、身，逐個修，逐個起修。先從嘴上修，這就是六祖惠能告訴我們的，他其實現在還沒講什麼，就講怎麼起修，先告訴我們閉嘴，「口但說空」，大家一定要記住。修《六祖壇經》，每一個字、每一句話都有其深意，特別深的含義。所以一定要好好理解。

閉上這張臭嘴，記住這句話，在現實中看看會得到多大的受益。就先從這兒開始修，閉上嘴，永遠記住這張嘴是臭的，沒有任何人噴出的口氣是香的，一定是臭的，而且一句比一句臭，話越多越臭，一定記住。為什麼？話越多越不得見性，口越快越不得見性，終無有益。

第四章

口念心行　本性是佛

心量廣大　猶如虛空

第一節

極樂世界不在外
心能轉物即如來

【善知識！摩訶般若波羅蜜是梵語，此言大智慧到彼岸。此須心行，不在口念。口念心不行，如幻如化，如露如電。口念心行，則心口相應。】此處又在說同樣的事，所以真正的修行，「口念心行，則心口相應」，這才是重點。心行怎麼行前面也都講過，即要反觀。我們如何能看透這個世界和宇宙萬事萬物的真相呢？就是心行。行什麼，怎麼行，這才是重點。

如何把我們從五欲六塵以及根深六識中，也就是內迷、外迷當中脫離出來，那就能看到宇宙的真相，然後我們才能知道心和本體的特性到底是什麼。我們到哪裏去找這顆心？如何能回歸本性？這就是行的方向。後面整部《六祖壇經》講得其實都是這個。

【本性是佛，離性無別佛。】就是不要再向外去求佛了，本性在我心中，離開了本性，沒有什麼地方能找到佛，外面沒有一個觀音菩薩會幫我，外面沒有一個阿彌陀佛會把我帶到西方極樂世界，外面就沒有一個西方極樂

世界。如果所有人說，在外面，遙遠的宇宙中心，離這兒十億八千萬公里外，遙遠的宇宙當中有一個金碧輝煌、金光燦爛的蓮花世界，叫做極樂世界，那裏有一個阿彌陀佛，好像是在外太空的一個星球或者星系上。那就是外道，就是胡扯，就是騙人的。

真正的佛法所講的極樂世界，不在那遙遠的宇宙虛空，不在外面，阿彌陀佛也不在外面，不是外面有個阿彌陀佛或者觀世音菩薩，我請祂來，我一求祂就有求必應，我只要信祂就可以，這都是不通理。如此學佛，只會越學越迷，只會離我們的本性越遠，離真佛越遠。在此，六祖惠能還在強調本性是佛。那麼，一切唯心所造，為識所現。這整個宇宙都是我造的，我造出宇宙，又來感知它的存在。

我造的宇宙，那阿彌陀佛是不是我造的？觀世音菩薩是不是我造的？上帝是不是我造的？救世主是不是我造的？極樂世界是不是我造的？地獄是不是我造的？老公是不是我造的？老婆是不是我造的？我的孩子是不是我造的呢？一切與我相關的、我能感知到的宇宙萬事萬物都是我造的。那誰又能改變他們呢？我造的一切只有我來改變，就是這個意思。

什麼是佛？佛經所講的佛是，「心隨境轉是凡夫，心

111

能轉物即如來」。既然是我造的外界的五欲六塵、內境的根深六識，只有我能夠轉化它們。所有的佛法、道法、儒學，其實都在教我們一件事，即我造了萬事萬物，我感知這萬事萬物，我怎麼能夠轉化這萬事萬物。與我相關的人事物，我怎麼轉化？如果能按照我的意識來轉化，這就可稱作境隨心轉，那我就是如來，我就是佛。我的命運我做主，我的命運我來主宰、我來安排，這就是佛。

佛也是凡人做。要記住，佛不是空中飄著的光燦燦的，有大神通的，好像前知五百世後知五百年的那樣一個佛。不！佛就是覺悟了的人。何謂覺悟？當你覺悟那一天，你的心就能轉境了。心能轉物即同如來，這樣的人就是覺悟了的人，就稱作如來，這就是佛、天人師、大丈夫。

修行就是這樣，先能轉變自己的命運，再往後練，就能引領別人、引領眾生，破迷開悟，找回自我，圓滿人生；就能幫助別人，引領別人也學會這套方法，他也能轉變他的命運，他也能圓滿他的人生。這就是菩薩道。我自己只是轉變了我自己的命運，那叫小乘羅漢道；我又能夠引領眾生去轉變別人的命運，教他轉變別人的命運，那就是行大乘菩薩道。

我們學《六祖壇經》的意義其實就在這裏，首先放下

外求之心，一切不假外求，一切都是自己的努力，一切都是自己去改變。「離性無別佛」，就是這句話告訴我們的，外面沒有佛。你要覺得廟裏的泥菩薩是佛，天天去拜它，那你就是心向外求，不明白這個理。泥菩薩怎能幫你，泥菩薩都是人造出來的。然而，現在的人都出去廟裏求神拜佛，卻都不明白這個理。

有的廟香火特別好、特別靈，其實那尊泥菩薩上的是什麼你都不知道，你就去亂拜。越是靈的，香火越是旺的，當你真正開了天眼，你的眼光一照，就看見那是什麼了，不是狐狸就是蛇、黃鼠狼，都是些動物仙在泥菩薩上面，要不就是樹精等等。人是萬物之靈，這些狐狸、蛇、黃鼠狼、樹精，附到佛像上以後，他們就扮演成佛了，好像也挺靈驗，你所求的也能實現，為什麼？它也想要香火、想要吃的。

那麼，佛要香火嗎？佛那麼清淨，怎麼可能要香火呢？佛要貢品嗎？佛會差你給的那一點吃的嗎？我們為什麼要上香火，為什麼要有貢品呢？這些給到佛那裏，不是佛要香火貢品，而是我們以佛為師，佛是我們的榜樣，我們立一尊佛像在那裏，心中不忘有佛，在教導我們走向圓滿。這是我們的老師，是我們的榜樣，我們用最喜歡的東

西，比如香火，我們在家也都焚香，就喜歡這種香味兒，或者我們家裏最好吃的東西等等，拿過來供奉給佛。為什麼？這就代表我對佛這位老師、這個榜樣的恭敬心、尊重心，這就是所謂尊師重道。但並不是說，立座像，佛就在這兒保佑我們，佛就靈驗，然後就來幫助我們解決現實中的事。如果是這樣，那座佛絕不是佛，那樣的佛全都是魔。記住，香火越靈的地方，要嘛就是動物仙，要嘛就是修羅在那裡坐著。

　　真正的真佛、真菩薩，絕不可能在像裏，這一點要清楚。真佛、真菩薩在哪裏？真佛、真菩薩在經典中。絕不是在佛像上，坐在泥像裏面，去保佑大家的平安。平安是佛給的，還是自己給的？我們學習以後，就要清楚，是否平安、是否健康、是否幸福、是否富足，這些都不是佛或者菩薩給的，不要向外求。這些一定是我本性具足的，本性當中都具備的。

　　那麼，我要向佛學什麼方法？即一切唯心所造。都是我，但是為什麼我不給自己多造一些財富出來呢？既然世界的財富都是我造的，為什麼我這個主人格又缺少財富呢？其實佛經佛法裏是講清楚了的，我們學好了以後，既然是我造的，我怎麼能夠調配一下，我想富足、想富有，

現實中怎麼來？

　　那幸福是否也是我造的？天下的女人都是我造的，我娶個媳婦兒怎麼這麼難呢？娶一個稱心如意的媳婦更難，為什麼呢？為什麼我相中的，都相不中我呢？佛經、佛典、佛理都給我們講清楚了，為什麼你造的，卻不是都歸你所有？

　　為什麼讓你觀心，為什麼讓你心行？口念我要幸福，我要美滿的家庭，這僅僅是口念。我要財富，我要富足，這都是在口念。何謂口念心不行？口念是你發了個願，你天天在發誓，天天想要。那到底現實中誰來給我們呈現，是口給我們呈現，還是心給我們呈現？到底宇宙萬物是誰造的，是口造的還是心造的？說是我的意識造的，這個意識就是口嗎？到底是我這個意識造的，還是我這顆心造的？

　　六祖惠能一再的告訴我們口念心行，這是心口相應。口念心不行，天天想要財富，你的心卻沒變、沒動，那就如幻如化、如露如電，沒有用。就像那些成功學，天天喊「我是最富有的，我是最優秀的……」結果喊了十幾年，魯蛇還是魯蛇，還是騎自行車送貨，還是沒富有。為什麼？這就是口念心不行，就不是佛法。現在的成功學、吸引力法則，讓人們天天喊，我是最富有的，我天天想像著金錢

在我面前，我天天想像著我開著豪車，我天天想像著我在別墅裏面享受，結果十幾年了還是租著一個小小的公寓，為什麼？這就是不得方法。所以一定要學佛法。

為什麼學佛法？佛法講的都是最究竟的理，告訴我們宇宙的真相是什麼。而成功學的那些老師們，瞭解宇宙的真相嗎？瞭解人體的結構嗎？瞭解宇宙是怎麼來的嗎？根本不瞭解宇宙的真相、宇宙的真諦，憑什麼說我天天喊我是最富有的，就能富有；我天天喊著我向宇宙下訂單，宇宙就給我訂單了？連宇宙是怎麼回事都不知道，不就是在那裏胡扯瞎喊嗎？

宇宙憑什麼給你訂單，你是誰？喊兩聲就給訂單，天天喊的人多了，誰給誰訂單啊？為什麼現在成功學沒有多少人學了，因為學了沒用。佛法為什麼幾千年都不會泯滅，再怎麼去打壓，最後還會大興起來？真東西就是真東西，按照佛法的要求、按照佛法的標準去做，就真的能做到心想事成，真的能做到快樂圓滿，所以這就是真諦。我們為什麼學佛法？其實學的就是這個真諦。

口念是指什麼？是我意識上的想。心行是指什麼？即我得先入心，我得先觀心，我知道現實中的財富不具足、有缺失，必是我的心給我安排的，一切唯心所造。

有人說：「老師，我的心怎麼能安排我沒錢呢？我要安排一定得安排自己有錢，一定是最有錢的。」

那是你的意識在想，意識上你天天想要錢，那你的心為何還要這麼安排？一定有其道理。心受什麼影響？心受你的知見觀念影響。你的心認同什麼，你的世界就是什麼。這句話要清楚。你的心是沒有判別力的，你的心只會一點，就是為你好，為你這個身體好。

有人質疑，「老師，心是為我好？那不給我錢，不給我財富還是為我好？」

是的。當你的心有一個觀念，認同你錢多了生命就會有危險，你的心就在平衡，雖然它不會比較，但是什麼對我和我的身體利益最大化，這個它知道。如果你有了十億，就會有人謀財害命為這十億害你，讓你蹲監獄，之後你這十億沒有了，後半輩子都在監獄裏，你覺得你的心會怎麼平衡，會怎麼安排？它就不會給你安排巨大的財富了。為什麼？安全是第一位，生命是第一位。現實中有太多例子，發財了進監獄了，發財了被人害死了。沒發財的時候，平平安安，小生活過得也挺好，但是並不富足。而發了財之後，煩惱全來了，開始有謀財害命的了，開始吃官司了，開始蹲監獄了。所以你的心就不給你安排發財，

找的是一種這樣的平衡，它要的是這樣的利益最大化。

那修行，怎麼能改變我的心，讓我更加富足，讓我更加富有呢？就是要找到有這種知見的原因、根源，然後把這個根源在心中化掉，觀念就變了，知見就變了，就不恐懼了。我發財了，生命也不會有危險。世界上發財的人多了，並不是全死了，不是都進監獄了，也不是每一個都因為發財而煩惱吧？

因此你要記住，心認同什麼，你的世界就是什麼。如果你的心認同你發財就得有災，有意外之財你就得有意外之災，你的心就不會給你安排發財，然後你堅定的一定要發財，不斷的努力一定要發財，你的心有時候也會妥協。但是妥協了以後，你發了財，又會是什麼結果呢？你真的就會有災。

其實發財和有災之間有必然的聯繫嗎？真正的佛法告訴我們，發財和有災之間是沒有必然的聯繫的，只有在你認同的前提下，才會有聯繫。而說到真正的破災，我們法門是破災第一。無論有多大的災，找到我或者找到我的弟子，就會有最好的方法。我們是大悲法門，千手觀音是我們的本尊，因此我們有最好的方法助人破災。

怎麼破災？不是我一求千手觀音，千手觀音就來了，

然後發大光明，千眼放光明，千手來護持，立刻把我的災就破了。也不是因為信觀音所以才把災破了。這些都錯了。我們破災，就是把你心裏面和災相連的那個觀念知見破掉，你的世界你做主，我們能引領你改變你內心對這個世界認同的知見和觀念，讓你看到你為什麼會種下這個知見。你認同這個知見，你的命運就自己安排了，要嘛就不發財，要嘛發財了就有災，可能是牢獄之災、或者病災、或者意外之災。

這種情況非常多，有人真的會一發財就有災，後面就不敢發財了。求仙拜佛問怎麼辦？求什麼仙、拜什麼佛！仙佛能知道你的命運是誰安排的？你的命運是你自己安排的，而仙佛都在安排他們自己的命運，哪有功夫理你呀！你以為燒炷高香，佛菩薩就得幫你，憑什麼啊？你燒的高香是佛菩薩想要的嗎？你所謂的高香，只能跟一些小動物仙、一些小樹仙做個交換而已，它們喜歡吃喜歡喝、喜歡這些香火，你是跟它們做個交換。真的菩薩是最清淨的，怎麼可能要你這點東西呢？

真菩薩只會教你調心的方法，讓你自己去調，只能是這樣的。你自己調了以後，你的命運不是佛菩薩改變的，你的命運就是你自己改變的，這是佛菩薩的功德。佛菩薩

要是直接去改變你的命運，那肯定不是佛菩薩，那一定是魔。你的命運就不是掌握在自己手裏，而是掌握在所謂的佛菩薩手裏了，誰能改變你的命運，誰就能掌握你的命運，那不就是魔嗎？

「我是菩薩在此，能改變一萬個人的命運，這一萬個人必須得聽我的。」

這是不是個帶著一萬魔子魔孫的大魔呀？那是清淨的佛菩薩嗎？絕不可能。

所以此處告訴我們，本性是佛，離性無別佛，不要向外去求，口念心一定要行。大智慧到彼岸，真正的圓滿是什麼？是改變我的人生，改變我的命運，圓滿我的人生，超越生死，脫離生死苦海，這就是大智慧到彼岸，就稱為圓滿。這一定靠的是心中去行。

我們講了怎麼行，前面講的是行，其實最後是悟。悟，有解悟、行悟、證悟，我們要的是證悟，但證悟一定是在解悟和行悟的基礎上。解悟，就是我們要知道何為大智慧到彼岸，怎麼能圓滿我的人生，一定得有明師給我們講經說法，把宇宙的誕生、規律、定理，這些真相、真諦教給我們，我們在知道這些、掌握了這些的前提下，就能夠解悟。我們還得行悟，在身體上真正的改變，打坐、念咒、

修護法，在現實生活中放下分別，不思善不思惡，這樣來修本體，這些就稱為行悟。我們掌握了宇宙自然的規律，同時我們用心去修行，解悟加行悟，最後就是證悟。證悟即是大徹大悟、徹底的改變。這就是所謂心行，這些過程一定要從心中行，而不是形式上去求。口念即是形式，修行不在口念，我們一定要實實在在的去做。

第二節
天道無情唯心無邊
聖人事業剎那永恆

【何名摩訶？摩訶是大】此處又開始反覆的講，一直在講摩訶般若波羅蜜，又詳細的來講了。何為摩訶？還是大，是【心量廣大，猶如虛空，無有邊畔，亦無方圓大小，亦非青黃赤白，亦無上下長短，亦無瞋無喜，無是無非，無善無惡，無有頭尾。】這就是在描述什麼是大。

「摩訶」前面我們也講過，摩訶即是廣大。廣大又是什麼呢？無邊無際，無有邊畔，有邊就不叫摩訶。所謂大，只是大不行，得有個標準。我們這個世界，現實世界亦稱為器質世界，就像一個器皿，一定有邊，一定有內、有外，一定有上、有下，這叫做器質世界。當有了上下、南北、東西，再有了邊界、邊際、邊畔的時候，其實那就不是摩訶，那是指世間的大，用大小來分。器質世界有大小比較，誰的空間比較起來更大，誰就是所謂的大。但是對於摩訶來講，就沒有大小之分，因為沒有邊畔，「猶如虛空，無有邊畔」。

那麼世間什麼東西能大得沒有邊畔呢？這個摩訶指的

能是什麼呢？宇宙無垠是不是沒有邊畔？不是的，宇宙再大也有邊畔。而唯一沒有邊畔的就是心，所以稱為心量廣大。心量廣大，那就是非常的廣、非常的大。所謂猶如虛空，無有邊畔的，只有心。所以，摩訶所說的，是心的大小。

「亦無方圓大小」，有邊畔了才有形狀，才有方有圓，才有大有小有比較，而在這裏是沒有比較的。「亦非青黃赤白」，各種顏色其實都不存在，虛空當中沒有什麼顏色，所有的顏色都是呈現在我的腦中，都是在我們的中樞神經呈現出來所謂的顏色。即是我的六識中的眼識經過判斷，接收電子資訊，發出電子脈衝，刺激我的中樞神經，這樣我的中樞神經裏才形成顏色，才有了光。

但是要知道，中樞神經是在我的大腦內部，這個地方外界的光是透不進來的。這個光不是外界發出的光，一下透過我的眼睛，我的大腦就接收到了，因為光根本透不進大腦中樞神經裏面。我接收到的是所謂的光子，也就是電子訊息「光子」，這個光子被我的眼根接收以後，以電子訊息刺激我的眼識，然後形成電子脈衝，再刺激我的中樞神經。其實中樞神經在我大腦內部，那裏面是漆黑一片，可想而知大腦內部不可能有光，但光又產生於我的中樞神經，那光到底是怎麼產生的呢？其實就是我中樞神經的幻

覺，是一種幻象，就是這樣產生的，並不是宇宙中客觀存在的光，宇宙裏根本就沒有光。

沒有觀察者的時候，都是波的狀態，波的狀態就是沒有邊界、大小等等。波粒二象性，即是任何一個事物都是有兩面的特性，一個是波的性質，一個是粒子的性質，有觀察者的時候就是粒子狀態，那就是器質世界，就是我們的現實世界。那麼沒有觀察者的時候，就是波的狀態，就是我們所說的精神領域。

正如孔子講這個世界的構成是什麼？我如何能夠知道？世界又是怎麼構成的？其真諦是什麼，規律是什麼？知道這個以後，我就知道我人生的意義在哪裏，我應該做什麼，如何做，這才是我的意義。所以孔子在《易經・繫辭傳》裏講，「形而上者之謂道」。所謂道，如果解釋，摩訶可不可以解釋成為道？「心量廣大，猶如虛空，無有邊畔，亦無方圓大小，亦非青黃赤白，亦無上下長短，亦無嗔無喜，無是無非，無善無惡，無有頭尾。」而道是什麼？道是不是可以描述為不增不減、不垢不淨、不生不滅，既盡虛空遍法界，即沒有邊界，又不存在於任何空間，既包羅萬象，又空無一物，這也就是對心的解釋。

所以，摩訶其實也是對心的一種解釋，我們的心就具

備這樣的特點，因為它沒有分別，所以說它「無是無非」；因為它沒有分別，它就是「無善無惡」；「無頭無尾」，即是沒有生就沒有滅，有生才有頭，有滅才有尾，無生無滅即無頭無尾。如此說的基本上就是心，我們就要掌握這顆心。

孔子告訴我們，「形而上者謂之道」，這就是心，「形而下者謂之器」，孔子對現實世界的定義即是器質世界。器質世界不是佛家的語言，是從我們儒學裏面延伸出來的。所謂器，有這個器皿，就可以裝東西，這個就是有形世界，也就是器質世界。而道是無形世界，就是內心的世界。所以孔子說宇宙的構成是形而上以及形而下，不就是波粒二象性嗎？

所有物體或整個宇宙都有波粒二象性。有觀察者的時候，這就是粒子世界、有形世界，沒有觀察者的時候就是波的世界。比如，對於我來講，這個世界我能看到的、我能觀察到的、我眼前的世界，就稱為有形世界、粒子世界。但是我後面呢？我背後的牆、我後面的世界對我來講就是波的世界。你能看見我的後面，但你看不見你自己的後面。這就是我們的肉眼凡胎，見前不見後，見左不見右，見上不見下，我們只能看到世界的一面，看不到世界的兩面，

所以稱為凡人，即所謂世俗的凡人，亦即是迷人。迷人呈現出來的狀態就是這樣，見前不見後、見左不見右、見上不見下，迷人看到的世界就是碎片。

然而，聖人同樣也是人做的，但他看整個世界就不是碎片，就不是一面，他所看到的就是，只要看見手心就能看見手背，甚至既能看見皮膚外面也能看見皮膚裏面。當他既能看見外面，又能看見裏面，他就能知道這個手是從哪兒來的，手的整個成長的過程，它的過去、現在以及未來，其實都可以看見。這就稱之為聖人，這就是開天眼，任何事物一眼看到的，就是其整體的來源、發展，從生一直到滅都在這裏。聖人看見你的前面，立刻就看見了你的整體；看一棵樹，立刻就知道這棵樹的背後是什麼，這棵樹整體的狀態，甚至能看見它的根，就能知道這棵樹是從哪顆種子而來，是怎麼種的，然後其整個成長過程一瞬間全都知道，這才能稱其為天眼。

這是怎麼練出來的？首先就得知道世界的真相、真諦。不知道這個，只是天天打坐、觀呼吸、觀念頭、大周天、小周天，根本不懂人體是什麼結構、宇宙是什麼構造，什麼大周天、小周天，就是自己在瞎轉瞎練。所謂大周天，任何人的大周天不通，那還能活嗎？任何人都是通的。那

還需要強化什麼？不斷的強化、強化，自己的自律神經就紊亂了；再堅持練下去，腦神經就亂了，人就瘋了。是不可以那麼練的。

六祖惠能在《六祖壇經》裏一再告訴我們，千萬不要在自己的身體上去練、去起修。歷史上太多的人，好好的日子不過，就想修行，天天盲修瞎練，就修進精神病院了。好多修瘋的，自己還覺得是修成了，其實別人一看就是修瘋了。

所以，摩訶是大，心量廣大。一旦有長短、有是非，就不是摩訶，就有邊了。這一邊是「是」，另一邊是不是就是「非」？是不是就分成兩半了？是和非中間一定得有一個邊界，都有界限。這個界限是什麼？就像太極圖當中有黑有白，陰陽魚中間的邊界線。一旦有黑有白，那就必有邊界，一有邊界就已經不是摩訶了；一有善惡就有比較，有比較就不是摩訶了。

那什麼時候才是真正摩訶的這顆心？就是放下分別、放下比較以後，心才是廣大，猶如虛空，無有邊畔，亦無方圓大小、亦非青黃赤白、亦無上下長短，這些是不是全都是比較來的。無嗔無喜，沒有恨沒有愛，那不就是無情嘛！所以說天道無情。然而，天道無情不是沒有情，天道

無情是沒有愛憎之分。天道沒有情感分別、沒有愛憎，全都一視同仁，都是平等的，沒有好壞，那還能有什麼情啊？如果有情，那還是天嗎？一旦有情，立刻粒子世界就成形了。只要一成形，不管有什麼情，也都是粒子世界，就不是天而變成地了。所以，天要保持天道無情。

但同時又說，天道無情勝有情，並不是沒有情，而是勝有情。當它一視同仁都是平等的時候，看似無情。可是要對一部分眾生有情，是不是同時就是對另一部分眾生的無情？所以無情不是沒有情、無情無義，不是那個意思，而是人家就沒有什麼善惡、喜怒、哀樂，就沒有什麼喜歡誰或者討厭誰，沒有這些叫做無情。這種無情是一種大平等，大平等其實就是勝有情。

所以，我們真正要修行、修佛法，也不是修成六親不認，像石頭一樣無情無義，心一點兒都不動，就是所謂的如如不動。親人去世沒了，我要修得如如不動，而且也不能動情緒。這是不對的，不是那麼回事，這不是佛法。真正的佛法最講究活潑，活活潑潑、積極向上。越是修佛的人越正常，而不是越修佛越怪異、越偏執，或者就修成石頭了，那都是絕對不可以的。

摩訶無善無惡，就是沒有比較；無頭無尾，當一個人

真的放下了分別心和比較心以後，你真的就會感受到什麼叫做不生不滅，那是一種境界，是用語言無法描述的。真的跨越了生死，就是跨越生滅。有一個生，就有一個滅，這是必然的。有生就有成住敗空，就必然得按照這個規律來發展運行。而這個規律本身即是形而下，是物質世界的規律，是現實世界的規律。在現實世界當中，任何事物沒有能脫離得了這個定律的，任何在現實中的事物都有成住敗空，沒有任何一個是沒有的。只有在道，也就是形而上的層面，才符合摩訶的特性、心的定律。

大家要清楚，道的世界和器質世界，就是形而上的世界和形而下的世界，遵循的標準是不同的。比如在器質世界、物質世界裏，就有時間、有空間，有大小，有成住敗空這些發展階段，有生有滅。那麼在另一個道的空間，我們也稱之為靈界，或者叫做精神領域，就沒有時間、沒有空間、沒有大小，沒有過去、現在、未來，或者說有過去、現在、未來，但都在一個點上，就是與現在的物質世界對應，正好是相反的兩個世界。我們的宇宙其實就是由這兩個世界組成的。

現在西方最前沿的量子物理學家，都在探討宇宙的構成、基本的結構，認為宇宙是由多維度空間組成的，由平

行宇宙組成的，其實都是胡扯。現在這些物理學家們，不斷的在探討微觀世界，提出了很多假設，現在即使提出再多的假設，像弦理論、M 理論，都沒法探討、沒法感知宇宙的真理，最後一定是又走到我們老祖宗對宇宙結構的認識上面。沒那麼複雜，宇宙就是兩部分，即是陰陽，一部分就是精神領域，一部分就是現實世界，這就是孔子說的「形而上者謂之道，形而下者謂之器」。

我們知道宇宙是這樣，那怎麼做呢？即是隨後「化而裁之謂之變，推而行之謂之通，舉而措之天下之民，謂之事業。」何謂事業，聖人做什麼事業？聖人做的事業就是把宇宙的真相、自然的真相教化給芸芸眾生，然後舉而措之，既引領著，舉就是引領，又有方法、有手段，把這些真相教給芸芸眾生，然後帶領他們尋回自我，能夠掌握自己的命運，這才是聖人要做的事業。聖人做的就是教化事業，自己感悟到了宇宙的真相，掌握了心能轉物的方法，然後把這一套方法再教化給芸芸眾生，讓他們也能清醒，讓他們也能掌握自己的命運，讓他們最後也能圓滿自己的人生，進而超越生死，得到大自在解脫，這就是聖人要做的事業。

我們現在都在做世俗的事業，可能在做工廠、做企業、

搞文化、搞教育，有的行醫，有的當律師，有的參軍，這都是世俗當中的事業，這些事業都叫做有漏的事業。當然了，世俗中的事業必須得有人做，但是當世俗的事業做到一定程度以後，如果學會了這一整套的聖人做事業的方法、宇宙的真相、宇宙的規律，包括如何運用，能夠做到心能轉物，而且真的學會了以後，就一定會放棄世間的事業，然後專門做聖人的事業。因為，這個事業才是真正能夠長久的事業，這個事業才是可以傳承的事業，這個事業才是人越老、做得時間越長，才越受人尊重的事業，永遠都沒有退休的那一天，還可以傳承給子孫，甚至子孫萬代都可以傳下去。這就是聖人要做的事業，就是孔子告訴我們的，我們應該做的事業。

【諸佛刹土，盡同虛空。】剛才我們說到過極樂世界，極樂世界不也是諸佛刹土的一部分嗎？所謂刹土，刹即是刹那的意思。極樂世界好像都已經永恆了，即所謂無量壽佛，而阿彌陀佛跟祂的世界一樣，基本上都永恆了。但是真正對宇宙來講的話，諸佛刹土，即所有的那些佛國、佛刹土都是虛空，都是假的。為什麼是假的呢？極樂世界到底有沒有？彌勒菩薩的兜率天到底有沒有？能說沒有嗎？但同時能說它有嗎？一說它有，它立馬就有了成住敗空，但能說沒有嗎？所以，這裏的「諸佛刹土，盡同虛空」，

就是虛幻的、虛妄的，一切相皆是虛妄。只要是諸佛剎土，時間再長，在宇宙中也就是剎那之間。那個所謂的長都是相對的長，近同虛空。

極樂世界沒有成住敗空嗎？極樂世界是不是指阿彌陀佛四十八弘願一發，立刻極樂世界就出來了。極樂世界就是永遠、永恆的嗎？不可能。好像經過了多少多少劫，但那些劫在宇宙當中就是剎那。那還有什麼可為真呢？連諸佛剎土，都是盡同虛空的。

那麼我們這個地球稱為娑婆世界，這是釋迦牟尼佛祖的世界。地球幾十億年，在宇宙當中算什麼？哪有什麼實體的東西？人的一生幾十年，最長也就是一百年，在宇宙當中更加什麼也不是。連諸佛剎土都盡同虛空，你以為你是怎麼來的，不外乎就是從波而來的。一經觀察以後，波函數崩塌，然後就變成了一堆粒子，不外乎就是這樣來的。其中有個我，稱為我執，就是執著於有一個我，然後不斷的比較，和這個世界不斷的進行比較，你就是這麼來的，其實你就是虛和妄，就是虛偽、虛妄。

第三節

極樂世界亦太極
佛國地獄莫當真

【世人妙性本空，無有一法可得；自性真空，亦復如是。】「世人妙性本空」，這個本性特別神奇，特別奇妙。本性為什麼這麼奇妙呢？本性就是摩訶，而這個摩訶，說它沒有吧，它就包羅萬象，說它有吧，還摸不著、看不見，它就是盡虛空遍法界卻真的看不見摸不著。說它有形吧，其實它是由無形的波和能量組成的。它有意義嗎？其實它沒有任何意義，但是給它賦予的時候它就有意義了。不賦予意義，它就是死的；賦予意義，它就活了。所以，這即是世人妙性本空。

就像我們在一大片沙子、沙漠裏，沙子形成的各種形狀，它有意義嗎？能說它有嗎？它就是一堆沙子。不給它賦予任何意義的時候，它就是沒有，它即使有各種形狀又能代表什麼呢？但是一旦賦予意義，它就活了，整個這一大片的、各種形狀的沙堆、沙丘、沙洞，一旦有人去了，賦予它意義，它就可以變成一座城市，是不是就活了！各種沙洞、各種沙堆，就都有它的意義了。宇宙就是這麼活了。

但是，人一旦走了，這是真的有意義，還是假的有意義呢？難道它實實在在就有這個意義嗎？沙洞就只有當臥室睡覺、可以遮風避雨這種意義嗎？那可不是。人家沙洞本來對於沙子來講，本身沒有這個意義，人家不是為了這個意義而來的，不是為了供你睡覺才形成這個沙洞。是你想睡覺，所以你賦予沙洞這個意義，這個沙洞才有意義。

　　整個宇宙都是這麼回事，地球是我們的家，但地球是為我們而生的嗎？我們生長在地球上，我們賦予地球家的意義，它才有家的意義，地球才是活的。否則地球就是宇宙當中毫無生命的，一個由最基本的粒子構成的，和所有的星球星系一樣，構成這麼一個宇宙，沒有任何意義。因為有了人給它賦予意義，地球才有意義，太陽才有意義，樹才有意義，人才有意義，花鳥才有意義，魚蟲才有意義，那都是針對人才有意義。因此即所謂宇宙因人而生，沒有人就沒有這個宇宙，這個地方要好好理解。

　　那麼事件呢？我中了五百萬彩券，我特別開心，這個事件有意義。我老婆跟我離婚，跟別人跑了，這個事情我可受不了，我悲傷啊、痛苦啊。如果沒有我，老婆跑不跑，彩券中沒中，那有什麼關係？沒有。我的孩子生病了，我痛心，我難過，但是我的孩子生病，跟別人有何關係，外

頭跑的狗一點兒也不難過。我老婆跟別人跑了，跟外頭一群驢也一點兒關係都沒有。這是什麼意思？即宇宙因我而生，所有跟我相關的人、事、物，都是因為我有了知覺和感受，這個宇宙才存在。宇宙不是就這樣客觀存在著的，雖然它就在那兒，但是沒有我它就沒有任何意義。

　　為什麼六祖惠能一再說這些話？這些有什麼用呢？跟我們現實有什麼關係？我就算學了這些又能怎樣？對我能有什麼改變？一定得是把背後的含義真正都清楚了，就知道他講這些話，是在告訴你什麼了。

　　任何事件本身都像沙子中的沙堆沙丘一樣，沒有任何意義，是中性的。你賦予它什麼，它就有什麼意義。同樣的事件，你既可以賦予它積極的意義，同時又可以賦予它負面的意義。任何事件，比如我中了五百萬彩券，難道中彩券就一定是好嗎？一定是積極的意義嗎？不是的。中彩券這個事件，本身一定是中性的，它既帶來富足，帶來好處，同時它也帶來無盡的煩惱。關鍵是怎麼看待這件事，怎麼感受這件事，才是中彩券與你相關的真正的意義。到底是好事還是壞事？它也許給你帶來謀財害命，也許給你帶來意外之災；別人看不過你突然中了彩券，本來你從小到大一直都不如他，然後就羨慕嫉妒恨，結果開車的時候

一下控制不住，把你撞了個半死……那你不還是因為這五百萬彩券，既給你帶來了好處，讓你開心，但是同時又給你帶來了災。

其實任何事物本身都是中性的，只是我們如何看待它、理解它、賦予它。離婚一定就是不好嗎？很多人痛苦，甚至自殺，認為離婚當然不好了。其實不一定，沒有當然這兩個字，而是你賦予離婚不好的意義，認為離婚以後我再也找不著老婆，孤獨終老，以後外人會說我無能，說我連老婆都守不住。如此看就全是負面的，當你賦予這個事件的全是負面意義的時候，你就只剩負面的情緒了，到最後你只有自殺一條路。

但是離婚這一件事，可不可以賦予其他的意義，有沒有正面積極的意義，有沒有可能又碰到了一個更溫柔賢淑、更年輕、對自己更好的女人，自己後半輩子能活得更好，這完全有可能。這樣賦予，這件事就感覺開心了。老婆跟別人跑了這同一件事，也許會導致我自殺，也許會讓我非常開心，更加幸福。這是老婆決定我的命運嗎？不是的。那是老婆跟人跑的這件事決定了我後半生的命運嗎？也不是。這件事本身也決定不了悲慘還是開心，而是我如何看待這件事、我如何賦予這件事所決定的。

我的人生是我安排的，我賦予它正面積極的意義，老婆跑了更好，男人四十三件喜事，升官、發財，然後就是老婆跑了唄。當然了，你要是真的這麼優秀，真正事業有成，老婆也不會輕易跑，就算真跑了，那這件事本身對你來講也相當於喜事，是不是這個道理？老婆有可能跟更大的官員、比你更強的人跑了，但是你也依然很強啊，那對你來說是不是喜事啊？所以，在別人眼中這是慘事，都會自殺，但對你是喜事。由此可見，一件事本身一定是中性的。

　　這一段話告訴我們什麼呢？即是宇宙到底是怎麼回事，諸佛剎土都不要當真，那都不是真實存在的；是存在過，但是你不能太當真，當真就執著了。所謂諸佛剎土，你想像中是不是全是光明，極樂世界是不是全是光明啊？是不是就一定是好？但是，如果你天天總是這麼曬著陽光，完全只有光明，其實你自殺的心都有。只有光明的事物在宇宙中存在嗎？任何一個長久的、穩定的事物，是不是一定得符合陰陽的定律啊？而陰陽定律是什麼？就是有光明必有黑暗。即使在極樂世界又如何？極樂世界也要符合太極的規律。

　　一尊大佛天天講經說法，外面周圍都是黃金的光亮，沒有黑夜，極樂世界的人也不用睡覺，那樣符合宇宙自然規律嗎？在所有的宇宙之中，所有的器質世界裏，任何東

西都一定有陰陽兩面。地球上所有的動物植物，包括大海、深海裏的事物，都得有正反兩面，都得有陰有陽，都得有白天、有黑夜。極樂世界怎麼就能不符合這個規律呢？那極樂世界是好的一面，那另一面是什麼？這一面是永恆的光明，另一面是不是永恆的黑暗呢？那麼哪裏是永恆的黑暗呢？是不是十八層地獄？十八層地獄是永恆的黑暗，然而世界上有永恆黑暗的地方嗎？它能單一存在嗎？其實極樂世界和十八層地獄，是不是一體兩面？是不是兩個極端？極樂世界的背面就是地獄。這邊享受著無盡的幸福、無盡的好，那邊就是受盡煎熬和痛苦。這就是兩面。

其實哪有地獄，哪有極樂世界，哪有那麼極端的世界呀？根本沒有。一切世界都是中性的，這就是告訴我們，無是無非，無善無惡，無有頭尾，極端的世界不存在，所謂極樂世界就是那一個世界，地獄也就是那一個世界。都是人賦予的，這個地方是最幸福的，就像有人認為美國是最好的、最幸福的，要能移民到美國就太好了。結果移民到美國就會發現，美國也是一樣，有好有不好；家鄉一樣也是有好有不好，都是我的賦予、我的感受。

感覺我的家鄉又髒又破，吃得又不好，又沒有什麼人關注、關照，大家都沒有愛心……那只是你覺著。家鄉一定

有好的一面，同時美國一定也有不好的一面，其實兩個世界沒有什麼本質的區別，就像沙漠當中的兩堆沙，這一堆的形狀和那一堆的形狀比較，你就感覺那一堆形狀比這一堆好，那只是你感覺的，其實在沙子的世界裏，這兩堆沙形成的城市沒有區別，都是中性的，所有都是我們賦予的。

這樣一講就能知道了，我們的幸福、快樂、富足、健康、我們所有這些，到底是外境客觀世界強加給我的，還是我賦予外境，然後我又來感受它的？到底根是誰？是外面影響了我，還是我影響了外面，還是我對外面的不同的感受。其實，外面就是中性的，我是什麼感受，我是什麼樣的心情狀態，完全是我決定的，而不是外面決定的。

這就是這句話的含義，六祖惠能為什麼寫這麼多，摩訶是大，什麼大？只要有一點界限，有一點善惡，有一點比較，是不是就不大了？本身是中性的，本身就不要去想什麼大小。比如離婚這事到底是好是壞，其實影響不了我任何，因為是一半好一半不好，只是看你怎麼衡量。而你衡量來衡量去，最後一定還是一半好一半不好。任何事，包括中彩券也是，一定是一半好一半不好。

有同學問：「那如果有人告我，我進監獄了，還有好處嗎？」

在此不說別的，只說作息時間，你的身體為什麼有問題？你每天是什麼作息時間？早上起來衝出去，早飯都不吃，上班工作量又大，中午各種應酬，也不睡午覺，晚上更是四處應酬，喝大酒；肝也不好、腎也不好、脾也不好，身體這不好那不好，又失眠。第二天還是這樣，天天都這樣。這樣的話你覺得還能混幾年？你是不是得夭折呀？能活六十歲嗎？不一定。但是你在監獄裏呢？你還有應酬嗎？早上是不是固定起床時間，該吃早飯就吃早飯，該鍛煉就鍛煉，中午都得睡個午覺，下午幹點活，活動活動，晚上也沒有任何應酬，想喝酒都沒有，想吃塊肉都難；什麼脂肪肝、三高，你到監獄裏是不是全都沒了，你說不定可以活到九十歲。

　　還是想不通，「那也不願意進監獄！」

　　其實，不是你願意不願意，任何事都必有一利，也必有一弊，不用再去分析，任何事情都一定是利弊參半。只是你覺得這事不好，監獄裏面那麼痛苦，因為覺得在監獄裏面沒有自由，所以就特別痛苦。但監獄裏有沒有快樂的人？如果你就生在監獄，你都沒到監獄外面去過，你是不是很快樂的生活著？就是因為有了比較以後，你就覺得這不好，覺得犯罪了，關在監獄裏，這是最煎熬的，在監獄

就像在地獄。

但是，出生在監獄裏面的人，都不理解你為什麼這麼痛苦，為什麼非要出去。到時間都會有人把飯做好，床鋪都有人清洗，在那裏天天生活著，還有什麼不滿意。如果你還覺得不理解這是什麼意思，你天天哭，天天痛苦，結果因此死得更早了，各種病就是這麼來的。

其實心念一變，哪兒不是過呀？立刻作息時間調整好了，身體壯壯的、棒棒的，難道不是嗎？真正把這些東西學好了，真的都調整好了以後，想出監獄就出去了，不就是這個道理嗎？我出去在外面大魚大肉的，酒喝得多的不行了，天天好多人脈關係，不應酬也不行，太累啦。自己心一調，到監獄裏又呆了幾個月，脂肪肝就全沒了。

有人覺得，「怎麼能這麼想啊？這怎麼可能呢？」

就是因為你心中有太多的判別，所以你認為什麼都不可能。你記住，為什麼這麼講，諸佛剎土，盡同虛空，即是在講連諸佛剎土都不要當真，都是中性的，有一利必有一弊，清淨也一定有其弊。我們其實要的不是單一的光明、美好、善良，單一的清淨，不是的。永遠記住，我們要的一定是太極，而不是單一的白，真正的太極是平衡。

不管是佛國剎土，還是地獄魔窟，在修行人眼中，沒

有佛國剎土，在修行人眼中沒有地獄魔窟，都沒有。到哪兒都是太極，都是有白有黑，都是有好有壞；其實最終都是無白無黑、無好無壞、無善無惡、無是無非，無青黃赤白，無方圓大小，無有邊畔，無有上下長短，無嗔無喜。我們走到哪兒都是佛國世界，但是我們不求光明，不求佛國世界，我們求的就是太極，我們永遠站在太極中間那個點上。太極中間那個點即是摩訶，沒有邊畔，沒有大小方圓，沒有青黃赤白，沒有上下長短，無嗔無喜。打我，我也無嗔；按摩，我也無喜。無是無非，無善無惡，無好無壞，其實我們修的是這樣的一顆心。這段話的意思其實就是「諸佛剎土，盡同虛空」。

第五章

諸佛剎土　盡同虛空
世人妙性本空　無有一法可得

第一節
諸佛即世人虛空無差別
宇宙非客觀看透方入門

　　所謂【諸佛剎土，盡同虛空】。從我們常規的意識上來講，我們覺得諸佛好像都是佛陀，都已經修成了大涅槃，每一個佛都有祂的佛剎土，即是淨土，而「諸佛剎土，盡同虛空」就是在講清淨佛土的狀態是什麼樣子的。其實不然，這是我們常規意識認為和認同的。而「諸佛」就是我們每一位眾生，每一位眾生都是佛，每一位眾生都有他的「剎土」，即是他的佛淨土。

　　有人會問：「老師，不對啊！為何我的土不是清淨的佛土呢？怎麼有這麼多的糟粕和垃圾，這麼多的災害和災難呢？這是怎麼回事？」

　　其實，我們對所謂淨土的理解是有問題的。我們一想到「諸佛淨土」，想到的就是極樂世界一樣，一片光明，沒有黑夜，都是清淨的，都是蓮花世界，一片美好。其實那一種淨土就已經不叫淨土了，那就是完全的白，完全的光明。完全光明的淨土，絕對是不存在的。物極則必反，太白了沒有一點黑，完全都是清淨，沒有一點污穢，那是

不可能的。

　　真正所謂的佛淨土，從外在的表現來看，必是有黑有白，有淨有垢，必然符合太極平衡的原理。太極平衡的原理亦即是陰陽平衡之理，是符合萬事萬物、宇宙發展規律的，佛剎土也是一樣，就是西方極樂世界也絕不可能僅僅只有光明沒有黑夜。如此說來與我們現實的世界又有什麼區別？其實我們現實的世界就是佛淨土，就是佛剎土。我們一味的去強調所謂的清淨、光明、白、完美，這本身就是入魔之道。

　　所以，無論佛法、儒學、道法，其實告訴我們的都是一個理，不要去追求純粹的完美、純粹的光明、純粹的白；當然我們也不能去追求純粹的黑、惡的那種力量，那都是兩個極端。此處「諸佛剎土，盡同虛空」即是在講，不管是光明也好、黑暗也好，清淨也好、污濁也好，都不是真實存在。

　　繼續講【世人妙性本空，無有一法可得】。前面說到「諸佛剎土，盡同虛空」，後面馬上跟著說「世人妙性本空」。世人和諸佛有何區別？其實沒有區別。世人即是諸佛，諸佛即是世人，諸佛即是眾生，眾生即是世人。我們有沒有自己的剎土，有沒有自己清淨的佛土呢？每個人都

有，每一個眾生都有自己的剎土，即是清淨的佛土。每一個人在看山河大地、日月星辰的時候，看宇宙的時候，看眼前的人事物的時候，所看到的、感知到的，就是自己的剎土。

有人還是疑問，「老師，不對啊！我的剎土可不是清淨的剎土，都是災難、暴力，都是人與人之間的衝突、殺戮，我這不是淨土啊？」

這就是問題本身所在。土，沒有淨與不淨之分；你的世界，沒有和諧、完美與暴力、殺戮之分，都是你自己分別出來的。由於你的分別心，你的淨土才不和諧、不完美、不清淨。其實淨土本身就是清淨的、完美的。當然，有所謂清淨就有不清淨相對應，有所謂完美就有不完美相對應。其實就是客觀的存在，沒有所謂的清淨或者完美，都是我們自己的認同，你認同什麼，你的世界就是什麼。世界沒有變化，諸佛的世界與眾生的世界沒有區別，如果有區別就不對了。

所以經中講「世人妙性本空」，本來是空的。空的意思不是什麼都沒有，而是包羅萬象，有人事物、山河大地、日月星辰，什麼都有，但是其本質是空的。空的意思其實是沒有差別，沒有分別。而不空，所謂的萬有，就是有差

別、有差異，人與人之間有差異，事與事之間有差異，物與物之間有差異。問題在於這種差異是本來就有的，還是人的感受，人為附加的呢？這裏就在告訴我們，本質上萬事萬物、宇宙中的人事物，都沒有差別、沒有差異性，即使形狀不同，成住敗空的階段性不同，但是本質沒有差別，都是「妙性本空」。所有的差別都是人賦予的。

「無有一法可得」，即是沒有差別。一旦成法、有法即有相，有相即有脈絡，有脈絡就有上下、貴賤、等級之分。而上下、貴賤、等級之分不是外面分的，其本質是平等的，是沒有差異性的。所有的差異，亦是我使其有很大的差異。

所以說【自性真空，亦復如是】。所謂「自性真空」，萬法源於自性。我所觀察到的、整個宇宙的萬事萬物，以及其不斷發生、發展的過程，都是源自於自性，是一個投射。即是說宇宙是我的心投射出去的。自性本空，即本來就沒有差異，都是隨因緣而化生，因緣聚合才形成宇宙萬有、人事物，以及其所謂的發生、發展的規律。所以，其本質是空的。

究竟是誰投射出去的萬千世界呢？就是我們所謂的第八識。我們的第八識裏藏著各種種子，所以也叫做藏識。

我們一出生時，第八識就會向外投射。為什麼說整個世界都是虛空呢？何謂「萬有即是虛空，虛空即是萬有」？就像我們看投影一樣，投影投出去的比如是電影，看似是花花世界，紛繁複雜，裏面有人事物，有其誕生、發展過程、最後終結，但是電影投出去的就是個影子，不是真的。雖然說電影不是真的，但裏面又有其內涵和規律所在。

事實上，世界就是投出去的電影，所以世界本空，本空源自於自性，自性即是第八識投射出去的。第八識投射出去之後，第七識叫末那識，就有了一個「我」，有了一個我執，是非常堅固的「我」的概念。因為有了我，才有他，才分了內外。外，外面即是宇宙萬物；內，內裏即皮膚之內，是我的一個界限。所以就有了我執，是第七識決定的。

第六識是判斷。前面的五識，即眼、耳、鼻、舌、身，用於感知第八識投射出去的世界。可以看畫面，聽聲音，聞氣味，嘗滋味，身體有觸感。我腳踩大地，其實大地是空無的、是沒有的，但是有一種感受，我怎麼就感覺到腳踩著大地，能碰到桌子，可以拿著扇子，怎麼會覺得這都是實實在在的存在呢？其實這就是一種知覺感受而已，不是真的。這是如何形成的呢？就是千百億年來，我們為了和這個我投射出去的宇宙、世界融為一體，要讓我們認為

我以外有這樣一個真實存在的世界，我們練了千百億年，才練出這種知覺感受，配合才這麼好。

我們的聲音、質量、重力、觸感，這些都是我們練出來的，本來是沒有的，就是個影子。我們練出來以後，我就生出了知覺感受，我能用上力量，一碰皮膚我會痛，皮膚割破了還流血，這些其實全是練出來的。包括外面宇宙的萬事萬物，風吹過來，雨打到身上，聽到雷聲和各種聲音，都是練出來的。練到什麼程度了？我們的意識根本就不知道，意識根本就不需要我做何動作，自然和外面就有相應。本身我和外面的世界和宇宙，是一個完全的整體，不分內外。但是，由於我執的出現，為了保證我的存在感，我們才和外面宇宙的萬事萬物有了界限和分離，這也是為了保證我的存在，這就是第七識的作用。

我們如何判斷外界的世界？是透過五識攝取所謂外面世界的一切訊息，到了大腦中樞神經後，在此成形、成像、成聲音、形成各種感知。即是說所有的感知，都是透過五識搜集外界信息，集中在我的中樞神經，然後都是在中樞神經呈現的聲音、圖像和感知的各種感受，我就形成了對外界宇宙的認識。這些認識中就有好壞、有分別，就是第六識起的作用。第六識起判斷作用，即意識。

如此透過五識、六識、七識、八識，就形成了我的宇宙。一個我認同的、我所感知到的、整體的宇宙，就是這樣形成的。其實是「真空妙有，妙性真空」，發自於我的自性，我自己又有八識的感知功能、功用。八識既能發出幻燈影片，自己又有感知、觀察的功能。所有這些都是從八識發出來的，是我投出去虛影，我又能感知這個虛影的一切，這樣就能認為我是活的，這是一個完整的迴圈。其實這個迴圈本身是沒有的，但是為什麼一定又要有呢？因為有個「我」的存在，我又有判斷，我又有感知，就形成了陰陽，即是一個迴圈。

　　在此，六祖惠能把這一套完整的、宇宙萬物形成的過程，包括我是如何感知到宇宙的萬物，以及我與宇宙萬物的關係表述得非常清楚。而人與宇宙萬事萬物的這種相互認知的關係，現代量子物理學已經揭示出來了，告訴了我們宇宙是怎麼來的，所有的山河大地、日月星辰等事物，到底真的存在的嗎？現代量子物理學告訴我們宇宙來自於波的狀態，波的狀態才是一種永恆的狀態，無形無相、無色無味、無是無非，這是波的狀態。一旦觀察者出來了，波函數崩塌才成了形，此時各種各樣的形狀，即是萬有就出來了。那麼這個觀察者是誰？觀察者就是我。我出來後，既觀察出了我本身，又觀察出了萬有、整個宇宙的萬

事萬物。

本來波的狀態在現實中就可以當作沒有，因為看不見摸不著，既沒有時間，又沒有空間。波的狀態就是自性真空。所謂「諸佛剎土，盡同虛空」，所有眾生以及所謂的佛，其所有世界都是虛空的，以現代的語言來表達，其實都是從波的狀態來的，所形成的萬有，即每一個眾生所呈現出來的萬有世界和宇宙，是不同的。也就是說，觀察者不同，呈現出的宇宙世界就是不同的。心中有蓮花，呈現出來的世界就是蓮花世界；心中都是暴力，呈現出的世界也都是衝突、暴力的世界。

萬有呈現的是我們內心真實的狀態。當然了，其實這個狀態本身也是沒有的。暴力、和諧、蓮花、清淨，污濁，其實所有這些本質上都是沒有的，都是我分別來的。認識到這一點之後，學習佛法才真正能夠入門，因為你知道了這個宇宙不是客觀存在。客觀的存在就必須有客觀的規律。按照客觀的規律，任何事物都有成、住、敗、空這幾個階段。如果世界是客觀的存在，想改變客觀的世界，只有打破客觀世界成形的規律，才能改變人事物的發展過程，那佛法就不存在了。如果真是那樣的話，我們就在現實世界中，去改變現實世界就可以了，就不需要佛法了。

但是，學習佛法的真正意義在哪裏？意義就在於，我能看透整個世界、整個宇宙。我活在這個世界中，能夠看透命運的真相到底是什麼，本質是什麼？當我知道了真相和本質以後，我知道如何改變，就能夠讓命運發生改變，能夠讓整個宇宙萬有都發生改變。如果不序化，我就可以使之序化；如果充滿了暴力和衝突，我可以使之變成和諧的蓮花世界，這就是我們學習佛法的意義所在。所以，學習佛法真正的入門處，就在於我們要看清楚宇宙的真相和本質。

　　現在，我們透過學習《六祖壇經》禪的宗旨，知道宇宙萬有其實只是一個投影而已，是我們心的投影。所以要想改變外部世界，不是針對外部世界去做任何工作，而是改變我們的內心。我的內心一旦改變了，我的世界就改變了，這就是佛法入門之處。

　　正如五祖弘忍所說「不識本心，學法無益」，如果不知道這顆心的作用，就不知道宇宙萬物是怎麼來的。如果這都不清楚，還認為客觀世界就是客觀的存在，那麼學習任何的佛法、儒學、道法，根本就入不了門，就還是一個凡夫。因為不知道宇宙的真相是什麼，所以就是一個迷人。

　　其實，雖然整部《六祖壇經》和我們所學的密宗，即

禪與密之間，呈現的形式有所不同，禪直指本心，不講究修行的形式，密則是要從繁複的修行儀軌開始修行，看似是兩條極端不同的路，但是說的都是一回事。《六祖壇經》即禪，所講的就是密當中最高的境界，所謂的圓滿大手印，或者稱為恆河大手印，其中的理和修行的方法完全都是一樣的。修密修到最高境界的時候，就是無形無相，也是沒有任何形式。之前所有的所謂的形式，密宗的發大願、磕長頭、每天持咒，各種儀軌、所有形式，就是一個從有形到無形的過程。而禪是一步直指人心，就到了最高處。

到達最高境界的時候，禪和密其實都是一回事，修禪就是在修密，修密亦即是在修禪。所以我們統稱為禪密圭旨，圭旨就是真相、本質、真正的東西。所以，修密也是從宇宙自然的真相、本我的真相，及其本質來入門起修。其本質在此處說得清清楚楚，「自性真空」。

「諸佛剎土，盡同虛空。世人妙性本空，無有一法可得」，其實就是在告訴我們入門的理。

第二節

空中萬有起修第一位
太極悟者出世破邪宗

　　所謂「世人妙性本空，無有一法可得」，是否意味著一切全都是空的，什麼都沒有呢？緊接著六祖惠能馬上告訴我們，【善知識！莫聞吾說空，便即著空，第一莫著空！若空心靜坐，即著無記空。】意思是還不能認為我以及萬物就是沒有。空，不等於無。虛空不等於就是沒有，完全是兩個概念。

　　看到此處有人會說：「老師，既然所謂的萬有、萬事萬物，都是由我的心的分別、差異投射出來形成的，那我就把我的心控制住，不讓它有差異，甚至不讓它有念頭。」

　　然而，宇宙萬事萬物就是從我們的念頭中來，念頭就形成了強大的資訊流。都是發自於我們的心，也就是自性發出來的，自然生發出來的。那是不是可以這樣講，要修無差無別、修虛空，就直接修成本來我的心什麼都沒有，萬有都是心生成的，那我把心控制住，讓它沒有不就修成了？這樣不可以！因此六祖惠能馬上告訴我們，「莫聞吾說空便即著空」，意思就是不要一聽到我說宇宙萬物是空

的，就認為什麼都沒有。空中含萬有，只有虛空才能包含萬有；不空，不可能容納、裝載所謂的萬有。但是萬有和虛空難道不是一對矛盾之理嗎？既然是萬有，為何還叫做空呢？既然說空，怎麼還能有萬有呢？這就是禪理，你一定得通。禪理通了，這些即是沒有衝突的；禪理不通，處處都是衝突。

不能因為我說空，你就去找那個空、求那個空，這就是著空。著空的意思就是執著於空。「第一莫著空」即是指，想修行，最重要、首要的就是清楚虛空與萬有之間的理，清楚其既是矛盾又是統一，是一個矛盾的統一體，這即是禪，只說一面就不是禪了。修行人首要的是清楚「空與有」的理，然後才能開始起修，否則起步即是錯，開口即是錯。這也就是我們前面所講的，無論學習佛法、道法、儒學，無論學習任何大智慧，第一就是要清楚虛空與萬有之間的關係、宇宙誕生的真相、宇宙的發展規律、以及宇宙的本質，這才是修行的起步、起修之處，所以六祖惠能在此講「第一莫著空」。

現在很多市面上的修行，甚至自古以來就是如此修行的，都是在聽呼吸、止念頭，讓自己無念，什麼都不去想，好像止住了念頭。認為止住了念頭就是沒有了分別，就放

下了分別心，但這種狀態就是六祖惠能告訴我們的「空心靜坐」。止念頭，心都空了，什麼都沒有了，追求一種虛空的狀態，美其名曰「定」，認為有了定之後，才有智慧。

六祖惠能在《六祖壇經》中從開始就一再強調，真正的定，絕不是空心，讓心空了。空心，即是指止住念頭，那不是修行的正路。而「空心靜坐」的靜，好像是如如不動，一坐下就不動了，而且是內外不動，即是形不動、心也不動，這就是所謂的靜；認為心空下來，止住念頭，這樣就靜了，以為這樣子就能得「定」，有了定之後，大智慧就能流露出來。其實這都是錯誤的！這樣修行的人，只是學了修行之形，而不通修行之理。所以在此，六祖惠能不斷的強調，理要先通，然後在理通達的基礎上才能起修。

如果按照市面上所傳的修行，一打坐就開始所謂的「戒、定、慧」。所謂的戒，就是戒欲望，戒五欲。五欲當中最強的是食、色，所有的欲都是從這兩個基本的欲延伸出去的。如果你認為戒、定、慧就是先從食、色開始戒，好像心安就能得定，打坐就能四禪八定，然後就能出智慧。六祖惠能告訴我們這樣是錯誤的，非常明確告訴我們「第一莫著空！若空心靜坐，即著無記空。」這不是修行正路，而是走向了歧途，修的不是正道，而是外道。為何這樣說？

空心靜坐求的空，是所謂絕對的空，而絕對的空是不存在的。六祖惠能說不要著空，即是指不要執著於所謂的空。

何謂「無記空」？我們起心動念，不外乎有善念、惡念，還有一種叫做無記念。即起心動念有三類，向善之念即善念；自私、向惡之念即惡念；還有一類是指，坐在那裏既不思善也不思惡，好像發呆一樣，腦子裏什麼也沒想，這就稱為無記念。所謂無記，就是說不清是善還是惡，就在這兒發呆發楞，想任何事都是中性的，既沒有善也沒有惡，我們有時就是這種狀態，就是無記。所以，如果你就只是打坐求所謂的定，聽呼吸、止念頭，不讓自己發出善念，也不發出惡念，這種狀態是你認為自己在定中，在求靜，其實不是靜，而是無記，此時你發出的是無記念，而無記念並不是修行。

念，分為粗念、細念、精細念。所謂粗念，就是我有這種念頭，我自己能感知到，我知道自己在想什麼。所以，處於無記念的狀態時，只是把最粗的念頭控制了，好像是既沒想好事也沒想壞事，就是要求定，所以不讓自己分別好與壞，不讓自己發出念頭，其實此時所控制的只是粗念。控制了粗念之後，細念、微細念，即深層的心，其實就在波濤洶湧的動，每時每刻都在產生巨大的資訊流，而且就

是以念頭的形式產生出來的。

　　而細念、微細念是你控制不了的，你僅僅控制了粗念，就認為好像自己已經靜下來，好像沒有再發出念頭。其實不然，你的心根本一點兒都沒有靜下來，仍然波濤洶湧，只是表面上就像海平面，看似沒有風了，看似比較平靜。打坐時控制住粗念，好像沒有念頭，其實只是強制把海平面的風控制住了，不讓風往這兒颳，但是風依然存在。為何風依然存在？風又代表什麼？因為你內心中的分別、差異比較並沒有弱化，更沒有斷，所以風就一定存在。你只是為了修行而控制自己的念頭，好像把狂風、龍捲風束縛了、不讓颳了，但其實你控制不了所有的風，即細念和微細念是你控制不了的。表面的風被控制了，好像海平面逐漸平靜下來了，但是細念和微細念在海底形成了洋流，海水還是在海平面以下波濤洶湧的流動，只是表面上看似平靜。

　　所有修靜、修定、打坐修四禪八定，求定、求止念、求所謂空的，都是這種狀態。這種修行的方法是不對的，只是在形上修，根本就不通理。所以六祖惠能在此告訴我們，不可以從所謂的空、定入手修行，這樣修只是形式上的，根本就解決不了實際問題。強行控制自己的念頭，本

身就是一種執著和分別。控制念頭的過程，其前提是認為有念頭是錯的，認為不應該有念頭，認為修行就是把念頭修沒、修斷。之所以要止念，就是因為覺著念頭不好，如果覺著念頭好，那為何要止？

天天執著於空，反而被空所束縛。偏執於空、求空，其實就是在修定的過程中，不斷的加大分裂、分別。認為一定要空，空就是好；一定要定，定才是好，能定才能有智慧，不定就沒有智慧。如此，每天的修行過程，其實就是加大自己分別的過程。這樣不斷的修下去，菩薩修不成，佛修不成，但是修魔一定能修成。因為菩薩和佛都是從清淨處得來，凡人清淨了，即是佛；凡人清淨了，即是菩薩。而魔是怎麼來的？魔就是反清淨，就是特別的執拗、特別的固執，魔就是偏執狂。

如此修法，一開始打坐就不能動，身體一動就是錯，打坐就不能有念頭，一有念頭就不清淨了，就成不了佛、出不來智慧了。這就是所謂的想修定、想找空，反而是背道而馳。越是如此修定，就越不定；越修這種所謂的定，越是走向那種執拗、偏執、分別的狀態，最終豈不就成魔了。然而，從古至今絕大多數的修行人，都在走這條路，都在走一條所謂向善的成魔之路，認為自己在向善，其實

已經在向著魔道狂奔。

所謂「六祖出世破邪宗」，即是因為六祖惠能出現於世間是有緣的，其目的就是為了出世破邪宗。何為邪宗？邪即是不正。六祖惠能就是要告訴我們正道是什麼，要破除所有修行領域的邪道、外道，也就是偏執之道。所以，我們講解《六祖壇經》，從頭到尾其實沒講什麼別的，只是反反覆覆的講一句話，「不思善，不思惡」。告訴我們什麼是真正的戒、什麼是真正的定、什麼是真正的慧，真正的大智慧如何發出來。

人皆想要智慧，有了智慧才能圓滿。因為沒有智慧，所以都是迷人、凡人。因為是迷人，所以看我們的世界就是五濁惡世、不清淨的世界，我們就迷在這五濁惡世當中。我們都嚮往佛菩薩的境界，那是清淨的境界、和諧的境界、完美的境界，那是蓮花境界。但是，這種嚮往本身就是問題，看自己的世界是五濁惡世，卻嚮往佛菩薩的清淨世界，就說明你是凡夫。

佛生活在蓮花世界、在極樂世界、在清淨的佛淨土，再看我生活的地方一片垃圾、一片狼藉、處處暴力，我生活的地方不好，所以我要刻苦修行，向佛菩薩的境界修行。於是我行善、積功累德，天天念佛、念咒、打坐、入定，

天天做好事，因為我想去佛菩薩的清淨佛土、清淨世界，那裏一片祥和、沒有暴力、沒有衝突和殺戮，多麼令人嚮往。這種對好的世界的嚮往，是所有學佛之人的動力。但如果你是這樣認為的，就是對理全然不通。

我們生活的世界是五濁惡世，那麼佛菩薩的世界究竟在哪裏？其實就在我們所謂的五濁惡世裏，佛菩薩沒有另外一個世界叫做極樂世界，沒有另外一個世界叫做佛淨土，也沒有另外一個世界叫做地獄，其實都在這一個世界中。佛菩薩、迷人和眾生都在這一個地方，和普通人、凡人生活在一個世界裏。

沒有第二個世界，只是佛菩薩是悟者、眾生是迷人的這一種差異，但世界並沒有差異，客觀的環境、宇宙的萬有、人事物都沒有差異，只是一個悟了，一個迷著。迷者看世界都是不完美，迷者看世界都是衝突、暴力，都是五濁惡世；而同樣一個世界，佛菩薩作為悟者，在看世界時，看到所謂的暴力在他眼中就不是暴力，所謂的衝突也不能稱為衝突，悟者看到任何一個世界都是太極。太極就是由所謂完美的部分和所謂不完美的部分組成的，太極才是真正的淨土，因此淨土不是全面的光明。

所以，世界的不同，不是取決於世界。不是佛菩薩創

造了另一個極樂世界或者佛淨土，佛菩薩沒有創造任何東西，也沒有改變這個世界的任何人事物、以及世界的萬有。唯一改變的就是自己的心態，就是自己這顆心。自己改變了，在同樣的世界裏，感受就是完全不一樣的。

就像我們在現實中，同樣在一個班級裏上學，有的學生歡欣雀躍，特別喜歡上學，覺得老師和同學都特別好，每天盼望早點上學，跟好朋友們一起學習、玩耍，互相幫助；但是有的學生就哭著鬧著、不願意上學，覺得老師非常兇惡、對自己不好，同學都不友善、欺負自己。同樣的班級、同樣的老師、同樣的同學，但是這兩位學生的感受是不同的。老師和其他同學都沒有任何變化，為什麼這兩位學生有這麼大的反差呢？其實是一樣的理。

世界是同一個世界，沒有任何變化，所有對這個世界的看法，來自於你認同什麼，你感受什麼，這個世界就是什麼。所以，哭鬧不願意上學的學生，就覺得教室像地獄一樣，學校就是五濁惡世，怎麼可能繼續在這裏上學，一定要離開這裏，要上一所特別美好的學校，老師特別和藹可親，同學特別和睦友善、互相幫助，特別想要轉學去那樣的學校。然而有那樣的一所學校嗎？如果自己的心不變，無論到哪個學校都是一樣。就算有很多個世界你可以隨意

走，從這個世界走到那個世界，再走到另一個世界，而你的心不變，無論你走到哪裏，那裏就是五濁惡世。真正喜歡上學的那個學生，感覺這裏就是佛淨土、就是蓮花世界，這所學校就是我想要的、最好的、最美的學校。這樣的學生，不管到了哪所學校，那裏都是蓮花世界，都是完美的好學校。

其實就是一個理，我們如何修行？不要把心思都用在改變外面的人、事、物上。不要總是在想誰對不起我、誰害我了，這羣人是壞蛋、那羣人是好人。在此告訴各位，其實外面沒有別人，整個世界全是自己。你最恨的那個人，就是你自己；你最愛的那個人，就是你自己。每一個人內心當中都是太極，既有白的一面，同時又有黑的一面。但是，由於你的經歷、觀念、受到的教育等等，導致你的太極中黑的一面被激發出來很多，所以你看到的世界就是五濁惡世。而清淨的、美好的、光明的一面就被壓制著。但你依然還是一個太極，只是你這個太極是不平衡的太極，黑的一面大，白的一面小，所以不平衡。

所有的痛苦，一定都來自於這種不平衡，即陰陽失衡，這是一切煩惱與痛苦的根源，絕不在於外界。外界本身也是一半所謂的黑，同樣有一半所謂的白，所有的世界全都

是完整的太極。但是你在看世界的時候，就不一樣了，發生了所謂的鏡像效應。何謂鏡像效應？就是黑和白其實本來是一樣多的，但當看黑的時候拿著放大鏡去看，就扭曲了，看到的黑被無限放大；當看白的時候，卻把放大鏡反了過來，看到的白就變小了。其實都是你的內心起了變化，然後你看外面的世界就是變化的，就認為是五濁惡世。五濁惡世的意思就是黑暗當頭、人人惡行，即使你看見白也沒有反應，覺得沒有好人。

其實世界就是客觀存在於此，是一個客觀的太極，黑白就是一半一半。是因為你不客觀，才導致你看到的這個世界是不客觀的世界。同樣在一個世界裏，佛菩薩就覺得這是一個清淨的世界、好的世界，所看到的既有善又有惡，既有黑又有白，其實無善無惡、無黑無白、無是無非、無嗔無喜，這才是佛菩薩。佛菩薩不管在哪裏，都是處於太極中間的那個點，這就是佛菩薩的境界。凡人、凡夫、迷人，處在哪裏呢？都是處在太極偏離中間的邊上的那些點，要嘛是全黑，要嘛是全白，所以才稱為迷人、凡人。

第三節

山是山山非山山又是山
順成人逆成仙勇者孤單

我們為什麼學禪？又為何要修定呢？真正的定不是止念頭，不是放空。有的人修行只是求空，不論善念惡念，只要一有念頭就馬上止住。只想求空，因為覺得空了才能定，定了才有智慧。於是修得什麼念頭都沒有，打坐的時候，止住念頭，什麼都不去想，下坐以後還是止住念頭，什麼都不去想，結果最後就修成了呆呆傻傻。

旁邊有人叫他，都不知回應，其實他不知道到底應不應該回答，回答肯定就會動念，不回答好像也在動念，最後就修成了任何問話都不敢回答。別人說話，他在旁邊站著，顯得特別格格不入，他好像是在自己內心的清淨世界裏，一旦要跟大家一起聊天，就打破了自己的清淨世界。因此，很多人就修成了這樣，呆呆傻傻、與眾不同，卻美其名曰自己在清淨世界裏，其實已經快修瘋了。精神病院裏很多都是那樣的，別人願意幹啥就幹啥，我只在我的世界裏，那不就是精神病嗎！精神病院裏的病人，至少三分之一都是修偏了的修行人，即所謂走火入魔，修成魔了。

167

這樣修行的人，其實是在不斷壓抑自己的念頭，不斷的壓抑，壓抑多少年以後，各種變態行為就被壓出來了。就是這個理，不能壓抑。越是壓、越是持續的壓，一定會有一天爆發，而爆發的時候都不會以正常的形式去爆發，而是各種變態，甚至變成了精神病。所以，精神病就是不斷壓抑，最後自己的整個現實世界都被壓得失去了現實感，就在自己的精神領域裏成佛、成菩薩了，而別人一看這個人就是精神病。太多的精神病都是這樣修出來的，其實不修還好，還能好好做個人。

　　所以，六祖惠能一再強調，一定要認識「空」。空是本性，不用去追求，不用去修，一切本來就是從空來的。這些都是影子，想把影子修沒，這不就是兔上安角、畫蛇添足嗎！這不是修行，不能這樣修，也無需這樣修。

　　六祖惠能在後文中會告訴我們如何修。但是在講修法之前，首先讓我們破「空」，不要執著於空，不要向那個方向修。何謂靜？何謂空？何謂定？《六祖壇經》後面都會教我們正確的方法。所以，其實禪、密所說的都是一回事。

　　首先我們一定要記住，平時不要去止自己的念頭。一旦某一天有一瞬間把自己的念頭止住了，這裏說的念頭是

指所有的粗念、細念以及微細念，如果都止住了，你的世界立刻就會停滯，也就是你的世界立刻就會完全崩塌，徹底不存在了。那是不是修成佛了？不是的，這可不是修成佛了，而是立刻你就投生到另一個世界，就從這個世界上消失了，你的身體、你的世界都沒有了。但是要修成這種狀態，基本上也不太可能，後面我們會逐步詳細講解是為什麼。

現在首先告誡你，不要在這個方面去修。基本上你現在所止的念，只是粗念而已，細念都止不住，更不要說微細念了，根本就不可能止得住。因為這是不符合規律的，僅僅用一個凡人的這點小心力，想把阿賴耶識發出的巨大資訊流止住，根本不可能！所以不要往這個方向去修。

所謂無記空，就是每天都這樣在修，控制自己的想法，既沒有善念又沒有惡念，即是修無記空。這樣修到後面，修什麼因就得什麼果，天天只是打坐，只是坐著什麼都不去想，止念頭，修這種無記空的果就是下一輩子投生成豬。這是為什麼呢？人生的命運都是自己決定的，下一生無論是變成天人，變成地獄眾生，還是變成畜生，都是我們自己決定的。這一生你都在求無記空，什麼都不想，善惡都不去想，止念也就是沒有了念頭，就僅僅是活著，除了吃

喝拉撒睡這些本能之外，什麼都不想也就什麼都不做了，只是求本能，只有吃喝拉撒睡的活著，這種狀態不就是豬的狀態嗎！你可能還美其名曰這是福報。

豬的確是有大福報，什麼都不用想，不用操心任何事，生下來就有人伺候，天天有人餵吃的，吃喝拉撒睡都在豬圈裏。豬的一輩子都是無思、無念、無做，最後在屠宰場裏被一刀宰殺，比人得病死去還要痛快，所以不要覺著當豬就是不好。但我們也不是為了與豬去比較，而是要講清楚，如果你只是天天修無記空，相當於天天發願你就想天天這樣，只求吃喝拉撒睡的本能，別的都不去想，如此無記空修到最後，你的下一生基本上就投生成豬了。下一生就不用練、不用修了，一生出來，福報大大的，吃喝拉撒睡都有人伺候，死的時候也不知道是怎麼死的，被趕到屠宰場，既然是豬也就沒有什麼恐懼，也根本看不見刀，一下就被分開兩半，根本就不知道疼痛，也沒有殘忍的過程，這一生就過去了。你想像豬一樣嗎？這就是修無記空最後的果報。你一直在這樣修，還想成佛？哪隻豬成佛了？完全不是一回事。所以，千萬不要按照那種方法去修行！

六祖惠能一直不斷強調，其實《六祖壇經》第二品中任何一句話，基本上都是說的同一個理。甚至《六祖壇經》

全部的十品，反反覆覆就說了一件事；而我解讀《六祖壇經》，到此講解了這麼多的篇幅，也都是反反覆覆的在講這一個理。即真正的定是什麼，真正的空是什麼，世界的真相是什麼，在這個真相下我們如何去修行？最終實現真正得大智慧，才能解脫煩惱，才能得安樂，才能得圓滿。

整部《六祖壇經》就是六個字，「不思善，不思惡」。無論講哪一段，最後全都會切合到這六個字上。但是講了這麼多，反覆、重複的講，很多人還是願意反覆的聽，因為講的角度不同，聽一遍從這個角度理解了，再聽一遍又從另一個角度理解了。其實都是一個事，當我要描述這個事的時候，這個事是一個整體，就好像一個拳頭一樣，其實只需要用「拳頭」兩個字就能描述了，但是由於你看不見它的整體，你就根本不知道這是什麼，也並不知道什麼是拳頭，你在一個角度看到的只是一點，換個角度又看到一點，再換角度再看到一點。

不認識拳頭，不是拳頭有問題，拳頭就在你眼前舉著，也不是你的眼睛有問題，你的眼睛能夠看見整個拳頭的全貌，而是你的心有問題，你的心執著於只看那一點，你的心放不開，不讓你自己去看整個拳頭，所以你就看不透。不論我如何反覆描述拳頭，你還是不知道拳頭是什麼，因

為你只能看見一個點。

怎麼才能讓你大概知道拳頭的狀態呢？我只能一個點、一個點的跟你說，把拳頭分成網格，一格一格、把每一個網格不一樣的樣子，不斷的向你描述、描述……描述的每一個網格一定有所不同，但是我講的其實都是一件事，還是這一個拳頭的事。你的心隨著每次描述一個網格，就能打開一塊，最後打開了無數塊網格，當你突然一下終於看到全體了，就會豁然明白原來拳頭是這麼回事。這是你真的看到什麼、理解什麼、學到什麼了嗎？其實並不是。而是你把自己的心量打開了，格局打開了，心放開了你就看到了。

其實本來就看到了，我們經常會說一句話：「這不就是我開始看見的樣子嗎？」當你最後真正悟了，突然大徹大悟的那一天，你會發現就是這麼回事。吃喝拉撒睡，山是山水是水，還是那個山、還是那個水，就是原來那個，沒有新的，沒有別的，也沒有額外增加的。也就是說沒有什麼是新學到的，但是你再去看整個拳頭就不一樣了。為什麼不一樣？因為那時你的心真看見拳頭了，而不只是你的眼睛看見了。

山是山、水是水，山非山、水非水，最後山又是山、

水又是水，就是這個過程。山水你都看見了，山是山、水是水；但是你真看見了嗎？你的心沒看見，所以山非山，水非水；當你的心真正看見的時候，發現山還是那個山，水還是那個水。就是這個狀態，你真學會什麼了嗎？大徹大悟那一天，會發現什麼？其實你沒發現任何新東西，但是那個你已經不一樣了，因為你的心量大了！

心量本來就大，不需要練，就是因為受你生生世世的所謂業力所限，業力、經歷、所知障、知見、恐懼，不斷把你的心量越縮越小，然後你看任何問題就都是局限於一個點，因為這樣最安全、不害怕。你要嘛不敢看，要嘛被你的知見所限制。其實你並不需要學什麼，那為什麼還要學習呢？現在學習，就是要把你曾經一點一點縮小的心量，恢復到原來的狀態，這就是你學法的過程。

既然人人是佛，為什麼我們還要修、還要學、還要練，如何作佛呢？你本來是佛，但是你已經不敢當佛了。本來是佛，廣大無垠、神通無限，整個宇宙、世界都在你的掌控之中，但是後來由於你的經歷、你的所知障等等各方面，一點一點使你的世界縮小，最後你就不是佛了，就變成凡夫了。誰讓你變成凡夫的？是你自己生生世世不斷的努力，最後使你從佛變成了凡夫。

為什麼修行？因為我還想成佛。但常常是，嘴上說著佛最好，真正行的時候，卻還在向相反的方向去行，反而越來越迷。其實，即使到你成佛的那一天，你也沒學到什麼新東西，因為你以前就是佛，只是恢復了你以前的狀態而已，所以學佛、修習佛法、達到圓滿，我們就稱作「回家」，亦即是回頭是岸。

　　需要學、需要修什麼嗎？其實不需要。但是我們還得修、還得學，為什麼？如果不修、不學，我們就會越來越渺小，就會迷得越來越深，離佛道越來越遠，離家越來越遠。所以得趕快迷途知返，我們得找到明師，明師帶領我們再回過頭來，向著佛的方向走，不要再往偏執的、成魔的、迷人的狀態裏越走越深。其實修行本質上就是這個，所以六祖惠能在《六祖壇經》中不斷講的都是一個理，沒有什麼新的理。當我們說到這個理，所有的眾生一聽全都知道，內心當中都知道就是這個理，但是我們自己蒙蔽著雙眼不看，我們自己不聽、不知道，再怎麼給我講我也聽不懂。為什麼？怕！怕回去。

　　為什麼要走到今天這個樣子，就是因為各種的擔憂、各種的怕、各種的所知障、各種的觀念，使我們走到現在。雖然是向魔道上走、向迷人當中走，但是走的畢竟還是一

個熟悉的路徑，一看周圍還有很多的人跟自己一起走，所以就覺得好像心安了，就覺著這條路是對的。所有人都在這麼走，那我也跟著，也就是從眾心理。

真正回頭的人太少了，因為太可怕了。這個感覺就像，我們不知道往哪個方向走是對的，那正常情況下往哪個方向走的人多，我們就跟著往哪個方向走。反正錯就大家一起錯，我們基本上就是這樣，隨波逐流，從眾心理就使我們最後都一起走到這兒來了。但是，當這裏面有一個醒悟的，突然發現方向不對，得逆流而上，必須逆著人流往回走。

這個時候，所有的人都是一種目光，「這個傻子！」

他自己也都在質疑，「我走的對不對啊？大家人山人海的，全都在往一個方向走，難道大家全錯了嗎？」

所以，修行真的得有大勇氣，即使你遇到了明師，真的找到了修行的正道，也得有大勇氣，要逆流而上。

正所謂「順則成人，逆則成仙」。為什麼我們從佛成了人？成人以後再順著往下修就是畜生、動物，再順下去就是鬼、地獄眾生，然後再順下去就是魔。這樣順著往下修，就是一步步成人，成畜生動物，成厲鬼，成地獄眾生，成妖成魔，這叫做順。而逆是指逆著來，現在是人，再往上修成為天人，繼續往上成菩薩、成佛，這叫做逆。此即

所謂順則成人，逆則成仙。所以，真正走正路的修行人，必須得有大勇氣，因為是逆著人流而行，逆著眾生而行，這需要勇氣去堅定自己走的路就是對的。

六祖惠能之所以偉大，偉大在哪裏？他本身就是逆流而上者，而且他還帶領著所有的有緣人逆流而上，這就是最偉大的人。孔子逆時代之潮流，開啟教化之道；惠能逆時代之潮流，開啟修行之道。這些聖人、偉人都是值得我們學習的，這樣的人橫空出世，都是有大機緣的，也是中華有福，才能有這樣的人出世。

然而，六祖惠能一個人走，多麼寂寞孤單啊！他已經在清淨境界了，已經放下分別了，為何還要逆流而上，還要出世呢？他是為眾生著想，要喚醒眾生，要把有緣人從迷途當中帶出來。而我們就屬於這一批有緣人，既然走上了這條路，就要堅定的走下去，不要質疑、不要顧慮、不要恐懼。當然，說起來容易，真正做起來可並不容易。

六祖惠能就這一句話，「若空心靜坐，即著無記空。」就是逆流而行。為什麼這麼說？在唐朝那個時期，打坐、入定、戒律這些東西，已經開始盛行於天下，當時所有的修行人全是那樣修，而只有六祖惠能出來告訴世人，那樣修是不對的，那不是真正的定，智慧不是那麼得的，你們

都走向求相、求福的狀態。其實，當時六祖惠能這麼說是有危險的，生前有多少人想取他的性命，甚至死後還有人要取他的首級。為什麼？就是因為不接受他，都說是他把人帶向歧途，教人逆行、逆著人流而行，所以他的處境是危險的。但這也就是六祖惠能的偉大之所在。

有的同學說：「老師，講來講去這都講到第二品了，其實您反反覆覆講的就是一個理，都是一回事啊！」

對了，就這麼回事！如果你在當下立刻就知道這個理了，後面就不用聽了；但是，絕大多數的同學，講到此處依然還不知道這個理。那怎麼辦？那就再換個角度繼續講，後面再一句一句的講。其實講的都是一個理，你在某一句話的時候忽然悟了，後面就不用再聽了，你立刻就回歸本體、回歸本質了，也就不用再學了；但是，如果現在還覺得有點疑惑、有點迷，或者沒聽懂、沒聽見，那就繼續聽下去、學下去。

所以，在五祖弘忍傳授六祖惠能衣缽的時候，是用《金剛經》來傳授，講著講著，講到「應無所住而生其心」的時候，六祖惠能一下大徹大悟，後面的就不用再講了。為什麼不用了？因為前面後面講的都一回事，聽到這句話忽然一下就悟了，就是在這句話上忽然明白了、悟了。那還

需要學什麼嗎？我們成佛的圓滿之道，也根本不用學，因為我們就是從那兒來的。佛還要再學習怎麼成佛嗎？

但我們現在是從佛變成了人，還在繼續向著魔道走。現在我們要學什麼？要學習如何再走回佛之道，如何恢復和認清自己的本來面目。其實，即使你已經成佛，恢復了本來面目，你在現實中還是那個人，沒什麼兩樣，該掃地掃地，該生孩子生孩子，該吃飯吃飯，吃喝拉撒睡一樣不少，你還是人。成魔了你也是個人，表面上看不出有什麼變化，但是內心已經巨變。所以，我們還要繼續往後講，就看你在哪一句話、哪一個階段忽然悟了。

悟，有深悟、淺悟，有解悟、行悟、證悟，有大悟、小悟，各種不同的類別、層次。真正要像六祖惠能一樣，忽然達到大徹大悟，你也不要奢望。六祖惠能也不是因為僅僅在那一刻聽到「應無所住而生其心」這一句話才悟的，在那之前他也有無數的小悟，最後一下達到徹悟。比如，早時惠能砍柴的時候，聽到客官在念《金剛經》，其實他就已經開始小悟，之後聽經的時候繼續不斷的悟，最後到了五祖弘忍那裏才有了一個大悟。大悟之後還要有「行」，並不是在那一刻一下就悟透了，後來六祖惠能在獵人隊裏的十五年，就是在不斷的悟、不斷的行，行中悟、悟中行。

所謂解悟就是在文字上悟了，在語言中悟了；然而僅僅解悟還不行，那是淺悟，還得有行悟；解悟、行悟了到最後才是證悟，證悟才真正穩得住了，才是真正的徹悟了。

　　所以，六祖惠能十五年在獵人隊裏，是從解悟到行悟，從行悟到證悟的過程，達到證悟以後才出山，才到廣州法性寺剃度出家，開始講經說法，那時他已經證悟了。我們也得走這條路，僅從理上明還不行，理上不明更不行，既在理上明還要在行上悟，即現實中對應。理上明，即解悟，稱為知；行上悟，即行悟，稱為行，也就是知行合一，即王陽明的心學所講的知行合一，就是達到了證悟、徹悟的狀態。

第六章

世界虛空能含萬物色像
盡皆不取不捨亦不染著

第一節

實相唯一分別都是自己
中庸不二禪儒本來相通

【善知識！世界虛空能含萬物色像，日月星宿、山河大地、泉源溪澗、草木叢林、惡人善人、惡法善法，天堂地獄，一切大海、須彌諸山，總在空中；世人性空，亦復如是。】這一段其實就是剛才我們所講的意思。「世界虛空能含萬物色像」即是在講世界宇宙不空，如何包容、承載？那麼萬物色像、日月星宿、山河大地，存在於哪裏？一定是存在於空中。如果都是實心的，不空，那什麼都不可能存在其中。

那麼，我們的阿賴耶識是空的，還是實心的？阿賴耶識是實相，也是唯一的實體，而由阿賴耶識發出的都是幻象。阿賴耶識以外全是空，看似山河大地、日月星宿。空與實，就是虛與實，即是互為陰陽。阿賴耶識離開了虛、離開了空就不存在了，空和虛離開了阿賴耶識也是不存在的。所以，阿賴耶識以外的都稱為虛像，虛像中存的萬有，即萬物色像、日月星宿、山河大地，這些都是阿賴耶識實相的投射，投射看似有形，能摸到、能碰觸到、能聞到，

其實都是假像。看似有形而非實相，看著世人各種各樣，與我不同，其實沒有什麼不同，都是我的人格化現。山河大地、日月星宿都是我人格的化現，是我的化身，都是我，都是我的阿賴耶識這個實體投射出來的。

阿賴耶識是找不到的，阿賴耶識在哪裏？說是實體、實相，既盡虛空遍法界，又不存在於任何一個空間，不增不減，不垢不淨，不生不滅，這是實相的特點。因此，你到哪兒找，根本找不到，但是還無處不在，無時不在。因為你就在其中，也是阿賴耶識的一部分。

那麼，怎麼能認識阿賴耶識？只有透過其投射來認識。而投射的就是這些日月星宿、山河大地等宇宙的萬像，萬物色像都是其投射。就是透過這些來認識真正的阿賴耶識的狀態，其中有山河大地、日月星宿、泉源溪澗、草木叢林、惡人善人、惡法善法、天堂地獄，這麼多都是成對的，所以阿賴耶識所謂的呈現，就是太極。是從無極而來，是一個太極，太極即是陰陽兩部分，而且完全符合陰陽的定律，既有互根性，又可以消長、可以轉化，都是成對的、對稱的。

為什麼是成對的？不是阿賴耶識的問題，而是我們就是在分別，我們看任何人、任何事、任何物的時候，都是

要嘛對、要嘛錯，要嘛好、要嘛壞，我們是二元的。阿賴耶識發出去的惡人善人、惡法善法，本來沒有善惡之分，發出去的是一個完整的東西，但是我們將其人為分成了惡人善人，這個人好、那人不好，這個人偉大、那個人渺小，這是我們所區分的。

因為我們的二元性即分別，把世界的人事物都分成了對立的兩類，然後我們就開始由分別導致分裂，分裂導致撕裂，撕裂導致割裂，痛苦就來自於此，就是源自於分別。我們認為，這樣做就對，那樣做就不對；老公天天說愛我是對的，老公沒說愛我，這樣就不行。老公既然愛我他為什麼不說？這時就開始分別了，用各種相來分別。對我好的、幫助我的人是好人，我有困難時不幫助我的人就是壞蛋；自私的、為了自己的利益去爭取的人、不擇手段的人是壞蛋，幫助別人、與別人分享的人是好人，這就是我們在不斷的分別。

其實我們分別的永遠都是自己，不是別人。我們眼中看到的別人，其實一定都是自己。我們永遠都不可能瞭解任何人，所以就是所謂「世人性空，亦復如是」。世人性空的意思是，所有凡人的世界都有他的淨土和惡土，跟他的修為有關。世界不論淨土還是惡土，其實都是一個土，

不二法門即不二佛土，天堂即地獄、地獄即天堂，天堂就在地獄中、地獄其實就是天堂；善人即是惡人、惡人一定也是善人，這是一定的，都是雙向的、二元的。沒有二，所有的佛法都叫做不二法門。

儒學的中庸也是在告訴我們世界不二，也是在說我們有了分別才生出陰陽。那麼我們如何去看待這個世界？怎麼修行？就是要走向陰陽之中道，走到太極圖中間那個點，那是儒學的最高境界，也即是佛法的最高境界，都是相通的。

佛法從何而來？這裏所說的佛法，可不是印度的佛法。禪是從佛中來，但是到了禪的時候，已經是中土之佛，已經不是印度之佛了，而印度之佛不強調這些。六祖惠能強調的佛和佛法，即是所謂的禪，其實已經是我們中華文明的一部分，完全是對立統一性。這種對立統一性已經上升到更高的層次，超越了宗教。而印度的佛法不是這樣的，印度是信神的，是把釋迦牟尼佛祖這個人，當成神去拜，但是後來佛法在印度已經整體失傳，現在印度的佛法是近幾十年前，才傳回到印度的，已經不是真正的佛法了。

我們為什麼要學《六祖壇經》？因為禪已經把印度傳來的佛法，在我們中華老祖宗大智慧的引領下，超越昇華了。事實上現在的中國，禪即儒，儒即禪。我們以後再講

儒學的《大學》、《中庸》的時候，就會發現其實我們講的就是禪，即儒學《大學》、《中庸》就是在講禪，就是在講「不思善，不思惡」，就是如何把對立的兩面變成統一。我們是從這兒開始起修。

我是對立的、矛盾的、衝突的，那麼我看世界的人就是矛盾、對立、衝突的，看世界的事就是對立、矛盾、衝突的，看世界的物也是對立、矛盾、衝突的。儒學也是從這兒開始起修，把對立矛盾統一起來，這叫做陰陽的對立統一性。陰陽既互相對立，同時又互根，又可以相互轉化、互為消長，這就是統一性。我們儒學講的就是這個，用一句話來描述儒學，就是「不思善不思惡的中庸」，即達到了中庸之道。

我們在學《大學》、《中庸》的時候，看的就是這個。所以，現在的禪已經是儒了，儒其實也是禪。禪和儒的出現是誰先誰後呢？我們前面講過，儒是距現在兩千五百年前孔子創立的，而六祖惠能確立禪僅比現在早一千三百多年。如此一算，儒比禪早了一千兩百年。而儒其實也不是成形於兩千五百年前，是孔子把三皇五帝、夏商周那些時期所有的智慧、所有的理念，在兩千五百年前的孔子時期，開始總結而成經典。其實儒學的這一套智慧體系，孔子是

「信而好古、述而不作」，只是把遠古的整套智慧拿了過來，不加自己的創造。所以，儒學的這套體系是我們中華上古整套文明的承載，何止兩千五百年，而是上萬年了。

在伏羲那個時期，人就開始使用陰陽規律，距離現在多少年了，這才是中華的根。為什麼佛學、佛法在中華大地上，直到現在都能夠興旺興盛、繁衍生息？就是因為佛法和我們中華文化已經合為一體，才有了生存的空間，才能發展。如果還是印度那套佛法，在印度已經滅絕了，在我中華怎能生根發芽、生長壯大？所以，兩者並不是一套東西。

我們中國人學習佛法，一定要從《六祖壇經》開始學起。從其他佛經學起，能學明白嗎？都是從梵文翻譯過來的經典，能看懂嗎？且不論翻譯的過程對不對，經中講的是什麼意思？那都是當時古代的寓言、古代的比喻。而《六祖壇經》是唐朝時候，六祖惠能這位佛一般大徹大悟的人，親口所講，現場記錄，即是中國人親自講的原話記錄，我們不從這兒開始學習，還從哪裏開始學起呢，是不是這個理？釋迦摩尼佛祖是尼泊爾人，因此佛法發源於尼泊爾，現在也在尼泊爾。但是現在的尼泊爾人能聽懂嗎？整個社會結構、整個社會狀態都不一樣了。而我們中華已經有了

成佛之人，我們為何不學？中國人真正學佛法時，先不用去研究別的，先把《六祖壇經》研究清楚，如果《六祖壇經》都學不明白，就去看那些從印度梵文翻譯過來的經典，怎麼可能看懂？

　　所以，我講佛法就是從《六祖壇經》開始來講。其實講來講去都是在講一件事，六祖惠能還是在不斷的重複，也就是一再告訴我們，「凡夫即佛，佛即凡夫」，沒有什麼兩樣。佛有佛淨土，佛淨土中有萬有，既有日月星宿、山河大地，又有惡人惡法，也有地獄，所有這些必須都得有，否則就不能稱為佛淨土，就不是圓滿的淨土。

第二節

自性萬有執著變凡夫
善無全善人性無差別

後面接著講，【善知識！自性能含萬法是大，萬法在諸人性中。】又開始在強調，自性能含萬法是大自性。自性廣大無垠叫做大，自性是沒有邊界的、是廣大無垠的。萬法又在哪裏呢？「在諸人性中」。何謂「諸人性」？諸即所有。佛是不是人，凡夫是不是人？我們前面所講的，就在印證這句話，每一個人，不管是善人、惡人，無論是迷人、還是佛，都有他的人性，有人性就有自性，所有的自性都能含萬法，所有的自性都廣大無垠，所有的萬法就存在於自性之中。自性的特性就是既有真空，又有妙有，即所謂「真空不空，妙有不有」。真空不空，即真空中有萬有；妙有不有，即說它有，其實它又沒有。這就是所謂自性真空妙有。

人人都是佛，人人皆有佛性。但是你又不是佛，為什麼不是？後面接著就開始講，你為什麼不是佛。【若見一切人惡之與善，盡皆不取不捨，亦不染著，心如虛空，名之為大，故曰摩訶。】「摩訶」就是上面所講的，本來我

們的自性都是萬有，都是廣大無垠，也就是我們的心量本來廣大無垠、無所不包、無所不容。那為何現在變成，看任何人、任何物、任何事都只能看見一個點？為什麼就不能從整體上看待人事物呢？為什麼不能一眼就把一個人從出生到死的整個命運都看透呢？為什麼看每一件事都是迷著的？好比嫁給一個老公，結果十年之後發現自己當時眼睛瞎了，所嫁非人，當時是如何被騙的呢？

正常來講，如果自性廣大無垠，那麼看任何人事物就都是整體性。何謂整體性？即是只要事物一出現，那從開始一直到終結的整個過程，就全都清楚，這就是整體性。這不就是佛嗎？是的，佛就是這樣，五眼六通，一下就能看透事物的本質，看清楚整個事物發展的規律、過程。本身我的自性就包含著一切，所有的整體都在我的自性中，但是現實中為何就看不見呢？為何只能看到一點？當時我的眼睛是如何瞎的，為什麼找了這樣一個老公？是不是只看到了他的一個點，被一點所吸引，然後就執著於那一點了。當執著於某一個點的時候，就看不見整體，所以就看不透一個人。

做一個計畫也是一樣，後面怎麼就被坑進去把自己搞破產了？就是因為看一個計畫看不到整體，只是看到這個

計畫能盈利的一個點，結果後面計畫發展的過程中出現意外，或者人脈關係斷了，或者市場行情變了，或者國家政策改了，結果計畫做不下去就破產了。

本來一切都是自己的心發出來的，那個人也是你，那個計畫也是你，怎麼能看不透呢？這就是凡夫和佛的區別所在。凡夫和佛都是人做的，那到底有什麼區別呢？所以此處就是在告訴我們，怎麼變得看不見整體的，怎麼從佛變成凡夫的，怎麼從神通廣大變成什麼都不是的，怎麼變得看任何事情都是管中窺豹的。「若見一切人惡之與善」，這就是根。意思就是你在分別，因為你的分別導致你看不見整體，因為你分別了善惡、分別了好壞。

就用人來做一個比喻，一有分別，整個宇宙萬有就一下分成了兩塊，一分別好與不好、善與惡，宇宙即分成兩半，然後我們要做的都是止惡揚善。一般人性來講，都會嚮往所有我們界定的善，對界定為惡的一般都會迴避、逃避，或者不願意去面對。本來我們的宇宙都是完整的，看其中的任何人事物都是整體，但是一有分別，就會立刻變成一半了，然後我就會嚮往好的，就奔著分別為善的那一半走去，屏蔽不善的那一半，於是我的宇宙就開始分裂，我的心就分裂了。雖然眼中看到的是整體，但是心裏面認

同的卻是那分別成一半的善，不善的那一半惡就看不見了，心就感受不到了。

然後，我們又在分成好的一半當中，繼續分好壞、分善惡，不斷的分別，於是給自己定了很多的標準，怎樣是善人、惡人，什麼是好事、壞事，一點一點的，這個世界就局限了、就變小了。

所以，六祖惠能講的「若見一切人惡之與善」，就是根。如何才能恢復佛的神通？佛的神通就是能夠看透任何事物的本質和整體。如何能夠從凡夫、迷人回到佛？要怎麼做？就是「若見一切人惡之與善，盡皆不取不捨」，我不取不捨，既不嚮往也不逃避，既不面對也不排斥，這就是不取不捨。「亦不染著」的意思是不執著於某一面，感覺這人真好，但不執著於這個人的好，好人也必有壞的地方，壞人也必有好的地方。其實哪有所謂的好和壞，都是我們自己給人家定義的，是我們自己的事，不是人家的事。

我們真正要修，就從這兒開始修，就是放下分別。六祖惠能講的是對人放下分別，那我們還要在事上放下分別，在物上放下分別。只有這樣才能達到「心如虛空，名之為大，故曰摩訶」。修行要先修摩訶，前面一開始就告訴我們修行叫做「摩訶般若波羅蜜多」，修的就是這個。摩訶

即廣大，般若即智慧，波羅蜜多即是到彼岸，彼岸即是家。即是說我們所謂修行，就是要用廣大的智慧回到家裏。現在我們離家太遠了，天天想著回家，結果走的都是離家越來越遠的路。所以，《六祖壇經》的佛法就是帶我們回家，告訴我們怎麼修行才能夠回家，這才是正道。

我們應該如何修行？不是打坐、念咒、聽呼吸、止念頭，而是要從人、事、物上修，從行上悟，從悟上行。從人上怎麼修？即是「若見一切人惡之與善，盡皆不取不捨，亦不染著」，從此開始修，這才是修行真正的起修處。

有人問：「那世間就沒有善人、惡人了嗎？」

不是這個概念，是善惡你如何區分？何謂善惡？善無全善，惡無全惡，善人不是什麼都是善，惡人也不是什麼都是惡，我們看到的都是表面。

有的人搶劫錢財，這個行為是惡的行為，要懲罰他，要判刑。但是這個惡人就全是惡嗎？他為什麼搶劫，因為老母親病重沒有錢給母親治病，所以自己以身試法搶了錢，結果被判了刑，他承受懲罰，是為他的母親能夠得到治療，那這人到底是善人還是惡人？

有人又會說：「老師，不是所有的惡人都是這樣的啊！」

其實，所有的惡人都有他善良的一面，所有的善人也都有他罪惡的一面。

有人疑問說：「老師，這樣的話就不需要刑罰了。那麼，善人也不用表揚，惡人也不用懲罰了？」

這是兩回事。懲罰是因為他的行為危害了社會，危害了大眾，可不是因為他是壞蛋，他是惡人，這點要清楚！對待善人，無論表彰、表揚、鼓勵，都是因為他的行為本身有利於民眾整體更加團結，或者促進大家相互幫助，是因為他的這種行為而不是因為他這個人，不是在塑造他這個人，不是因為他是善人所以表揚他。沒有什麼所謂的善人和惡人，我們針對某些行為可以表彰、鼓勵，針對某些行為也可以懲罰、懲戒。懲戒他不是因為他是惡人，表彰他也不是因為他是善人。

所以，真正在修行上來講，沒有好壞之分。殺人犯壞不壞？那他為什麼殺人？在和平環境下殺人，這種行為必須得到懲戒，哪怕他有再好的動機，也得懲罰他。即使所謂的善人殺了人，那也是殺人犯，必須得懲罰、甚至槍斃。而所謂的惡人做了一些幫助別人的好事，那同樣也得獎賞。

我們現在之所以道德觀念等各個方面，包括境界，都在不斷的墮落，就是因為我們把人的行為和人的本性混淆

了，把人分成了三六九等；把人分了好壞，事就有了好壞；事一旦有好壞，物就有了好壞。所以我的世界慢慢就從整體性變成了現在的局限性，從整體變成了一個點。本來整體是點、線、面的三維立體，加上時間的概念，就成為一個四維的整體。分出一半，立體就變成了面，面再繼續分就成了線，線再繼續分就成了點。所以我們現在看任何人、事、物都是一個點，而不是一條線，也不是一個面，更不是立體。

我們修行，能從點修到線，已經非常了不得，在人中就有神通了；如果從線再修成面，那更加不得了，就成為聖人了；要是從線、面修成了立體整體，那就成佛、圓滿了。圓滿的不是外面的世界，是自己圓滿了，我們再看外面世界的時候就都是圓滿，都是整體。

所以，真正修禪就要從人起修，把好人和壞人、把行為和人性、把對人的定義先修明白。界定一個人的時候，再也不要用所謂的好人、壞人來界定，懲罰一個人的行為是因為行為本身，而不是因為這個人是壞人或者好人。這樣在心中先把好人、壞人的概念模糊混沌起來，不要界限那麼分明，不要嫉惡如仇的認為這是個大壞蛋、階級敵人，所以要消滅他。其實哪有所謂的階級敵人，看人、對人怎

麼可以按階級區分。何謂無產階級、資產階級？如果說沒錢的就是無產階級，有錢的就是資產階級，豈不是又把人按照有錢、沒錢分別看待了？是這麼定義區分嗎？按這種階級區分人，因為有錢，所以人就是罪大惡極，就都該懲罰、消滅；因為沒錢，所以高尚清高，就都是好人，可以當家做主。怎麼可以？這樣區分還不如直接按好人、壞人區分。

按行為區分本身是沒有問題的，但我們不能從人性、從對人的定義上來分別。用階級區分人群，這是要出問題的。其實現在就已經出問題了，曾經的無產階級，現在有錢了，按照定義區分就變成資產階級了，那到底是好人還是壞人？究竟該不該消滅啊？之前是無產階級，自己沒錢覺著很光榮，覺得有錢的都該消滅，而現在有錢的人就是以前沒錢的那些人，其實都是同一個人，只不過老了幾歲。本來一窮二白，過幾年後變成億萬富翁了，就從光輝偉大的人變成大壞蛋了，這是什麼邏輯啊！講得通嗎？這樣會給社會帶來極大的混淆，會讓人們更加分裂、更加敵對、更加衝突。

這種區分方式都是有階段性的。中國解放戰爭時期，國家成立之前，要用無產階級推翻舊政權，建立新政權，

此時用這種方式行事、成事沒有問題，但是新政權建立以後，就不能再繼續用這種方式發展了，這就成了社會動盪的禍亂之源。政府應該從根上去改革，否則整個國家、民族的心性境界，不會越來越昇華、越來越親近、越來越和諧，而是會越來越墮落、越來越暴力、越來越對抗、越來越排斥、越來越分裂。誰希望國家和民族這樣下去？

我們學習《六祖壇經》、學禪，不僅僅是為個人。一個國家、民族，或者企業，去修習的話，我們的境界會更加昇華、提高，幸福指數也會提高。人們從這種暴力、排斥和對抗、對立中脫離出來，才能和諧，才能團結。真正的相互幫助並不是形成了對立之後，這一夥是同志，就相互幫助；那一夥是階級敵人，就相互對抗。而同志之間又會因為分類，開始對抗分裂，然後會繼續不斷的再分裂。這樣下去國家成什麼樣子了，民族一天一天就分裂了，所有人就是在打啊、鬥啊。這是人民百姓、是國家民族真正需要的嗎？不是的。

所以，我們真正學禪、學《六祖壇經》，在國家、企業內部之間，不能如此對立。大家怎麼才能團結一心、一致對外，才能一起把國家建設好，把企業做好？一定是在一個和諧的狀態下，內部相互幫助，沒有衝突就沒有排斥，

不去劃分也就沒有對立對抗，一個國家、企業才能真正長治久安、興盛發達。這就是我們學禪、學《六祖壇經》的意義所在。

家庭也不能這樣，也不能區分誰好誰不好，因為孩子做了一件事，就把孩子定義成壞蛋，就認為我怎麼能生這樣的孩子，如此孩子跟家庭就對立了。或者老公必須得怎樣，老婆必須得怎樣，否則就是壞蛋，在家中把善惡、好壞分得特別清楚，就開始分裂、撕裂，最後家庭就不復存在了，孩子不願意理父母，家就會四分五裂。企業、國家、家庭其實都是一樣的，這麼分裂是不可以的。

那應該怎麼修？修行不是打坐念佛、放生行善。首先要知道我們為什麼要修？越修，我們的家庭越和睦；越修，我們的人際關係越圓融；越修，我們的企業、國家越和諧、越長治久安。這才是我們修行的真正意義所在。不需要打坐，為什麼打坐，再坐十年能怎麼樣呢？打坐一動不動就能成佛了？你的心性從未變過，何談成佛！睜開眼睛看見外面，全是善惡好壞，馬上開始分別，哪有這樣的佛啊？佛的眼中是沒有魔的，而魔的眼中有魔有佛。佛心清淨，看大家全是佛，沒有分別。這就是區別所在。

真正要修行，我們就先從沒有差別開始修。但並不是

說沒有差別就不明是非，不是這個道理。我們的行為上有差別，但是在人的定義方面，不能按照好壞去定義人；而在人性方面，人性本身沒有差別。如果這樣修，越修你的心就會越廣大無垠，心量就越大。你看待問題的時候，就不偏頗、不偏執、不局限。看人、看事、看物，都能看到整體發展的過程，一直能看到最終的結果。所以，神通怎麼修，佛為何具備這麼大的神通？六祖惠能就在這一段告訴我們，真正的佛是如何修成的，佛的神通是怎麼來的。

這是神通嗎？其實我們每個人都具備。自性當中既有真空，又有妙有，妙有就是大神通。妙有從真空中來，心如真空，虛空廣大，而虛空中的妙有，我看得清清楚楚，現實的人事物就是所謂的妙有。當我的心像虛空一樣廣大的時候，看其中的所謂人事物、這些妙有，就看得清清楚楚，這就是佛，這就是大神通。所以這就是修行的第一步，叫做修摩訶。

修摩訶才能帶來般若，般若是智慧，先把心修得廣大無垠，然後大智慧自然就呈現了。摩訶和般若不是對立的，也不是有順序的，而是有摩訶即有般若，心量一大智慧自然就出來了，智慧一出心量自然就大了。摩訶和般若不是先後的關係，是同時出現的，就像燈和燈光一樣，有了燈

就有燈光。其實不存在先後，都是一起。所以修摩訶就有智慧。

不是有定才有慧，也不是有戒定慧的順序，更不是沒有念頭了就有智慧了，四禪八定就有智慧，都不是！摩訶般若波羅蜜多，是有了摩訶，就有了智慧，自然就到家了。是不是我有了廣大無垠的心，然後才有大智慧，然後我繼續修，我就能修回家了？錯了。當你具備摩訶般若，即廣大無垠大智慧的同時，你已經到家了。其實你本就在家裏，從沒離開過家，是你以為自己離開家了。所以，回頭即是岸，根本就不需要走，更不需要跑。

有人說：「老師，我已經離家十萬八千里了，那怎麼回去？坐什麼回去？走回去得走多少年？修佛真的要修十萬八千億劫？」

哪有那種說法啊？如果不通理，修十萬八千億劫，你也修不成佛，也回不了家。通理了，回頭是岸，你就在家中。要嘛不通理，越走越遠；要嘛通了理就在家中，沒有一個中間的環節，這就是修行。

這就是《六祖壇經》告訴我們，為什麼要修摩訶。在現實中，我們應該怎樣去做，真正的修行就是在世間修，就是放下對人的分別。如何能夠做到既放下對人的分別，

又不混淆是非，這也是一對，修行即是怎麼把這對矛盾統一起來。禪即是如此，儒學也是這樣。儒學的修身之道就是對立統一，把對立的兩個因素統一結合起來，然後就是如何應用。禪也是把對立的兩個面統一起來，說的都是一回事，這才是真正的起修處。一切的佛法，一切的儒學，一切的道法，起修處就在這裏，離開這個就不是道、就不是正路、就是邪門外道，離開這個起修，修什麼都是偏的。正路只有一條，這就叫不二法門。

　　在此為大家解讀《六祖壇經》，也是為廣結中華文明智慧之緣。本冊是第二品「般若品」講解的開始，下一冊將繼續講解禪宗佛法大智慧，深盼有緣與大家繼續交流。

解密禪宗心法——《六祖壇經》般若品之一

作　　　者／范明公
出 版 贊 助／歐陽小艷
主　　　編／張閔
美 術 編 輯／申朗創意
責 任 編 輯／林孝蓁
企 畫 選書人／賈俊國

總 編 輯／賈俊國
副 總 編 輯／蘇士尹
編　　　輯／高懿萩
行 銷 企 畫／張莉滎‧蕭羽猜‧黃欣

發 行 人／何飛鵬
法 律 顧 問／元禾法律事務所王子文律師
出　　　版／布克文化出版事業部
　　　　　　台北市中山區民生東路二段 141 號 8 樓
　　　　　　電話：(02)2500-7008 傳真：(02)2502-7676
　　　　　　Email：sbooker.service@cite.com.tw
發　　　行／英屬蓋曼群島商家庭傳媒股份有限公司城邦分公司
　　　　　　台北市中山區民生東路二段 141 號 2 樓
　　　　　　書虫客服服務專線：(02)2500-7718；2500-7719
　　　　　　24 小時傳真專線：(02)2500-1990；2500-1991
　　　　　　劃撥帳號：19863813；戶名：書虫股份有限公司
　　　　　　讀者服務信箱：service@readingclub.com.tw
香港發行所／城邦（香港）出版集團有限公司
　　　　　　香港灣仔駱克道 193 號東超商業中心 1 樓
　　　　　　電話：+852-2508-6231　　傳真：+852-2578-9337
　　　　　　Email：hkcite@biznetvigator.com
馬新發行所／城邦（馬新）出版集團 Cité (M) Sdn. Bhd.
　　　　　　41, Jalan Radin Anum, Bandar Baru Sri Petaling,
　　　　　　57000 Kuala Lumpur, Malaysia
　　　　　　電話：+603- 9057-8822　　傳真：+603- 9057-6622
　　　　　　Email：cite@cite.com.my
印　　　刷／韋懋實業有限公司
初　　　版／2021 年 3 月
定　　　價／300 元
Ｉ Ｓ Ｂ Ｎ／978-986-5568-45-0

城邦讀書花園　布克文化
www.cite.com.tw　www.sbooker.com.tw